北语对外汉语精版教材

速成汉语基础教程
Chinese Crash Course
(Third Edition)

主　编：杨惠元

副主编：游锋华　韩　梅　李德钧

Integrated Textbook

综合课本
（第3版）

8

©2022北京语言大学出版社，社图号22016

图书在版编目（CIP）数据

速成汉语基础教程：综合课本. 8 / 杨惠元主编
. —3版. —北京：北京语言大学出版社，2022.4
北语对外汉语精版教材
ISBN 978-7-5619-6078-3

Ⅰ.①速… Ⅱ.①杨… Ⅲ.①汉语—对外汉语教学—教材 Ⅳ.①H195.4

中国版本图书馆CIP数据核字（2022）第050792号

速成汉语基础教程·综合课本8（第3版）
SUCHENG HANYU JICHU JIAOCHENG · ZONGHE KEBEN 8 (DI 3 BAN)

| 排版制作：华伦图文制作中心 |
| 责任印制：周 燚 |

出版发行：	北京语言大学出版社
社　　址：	北京市海淀区学院路 15 号，100083
网　　址：	www.blcup.com
电子信箱：	service@blcup.com
电　　话：	编辑部　8610-82303395
	发行部　8610-82303650/3591/3648
	北语书店　8610-82303653
	网购咨询　8610-82303908
印　　刷：	北京市金木堂数码科技有限公司

版　次：	1996 年 1 月第 1 版　2007 年 9 月第 2 版　2022 年 4 月第 3 版
印　次：	2022 年 4 月第 1 次印刷
开　本：	787 毫米 ×1092 毫米　1/16　　　印　张：14.25
字　数：	181 千字
定　价：	72.00 元

PRINTED IN CHINA
凡有印装质量问题，本社负责调换。售后 QQ 号 1367565611，电话 010-82303590

第3版前言

《速成汉语基础教程·综合课本》（第3版）是《速成汉语初级教程·综合课本》（北京语言文化大学出版社，1996）和《速成汉语基础教程·综合课本》（北京大学出版社，2007）的修订版。在修订过程中，我们努力保持原教材的优势和特色：

1. 全套8册共出词语3600多个，基本涵盖了外国留学生在中国学习、生活的常用词汇。因此，学习本教程的学生可提高使用汉语进行实际交际的能力。

2. 课文内容实用有趣，学生爱学、易学。原版教材筛选和安排了贴近学生生活的、学了就能用的话题，这样的内容学生喜欢学、愿意学。大部分课文语言风趣幽默，能够引起学生的学习兴趣，激发他们的学习积极性。

3. 语法点的讲解基本采用归纳法。由于课文编写不受语法点的绝对限制，允许冒出新的语法点，所以编写的课文语言自然、流畅。多年的教学经验证明，我们对成人的汉语教学，应先使他们对语言现象有真切的感性认识，然后到一定阶段再进行归纳总结，帮助他们上升到理性认识，这样做符合第二语言教学的规律。

4. 第3版的练习保持了前两版"语音→词语→句型→功能→成段表达→篇章结构→阅读理解"一条龙的练习模式。练习大多紧紧围绕当课的生词、课文和语法点，针对当课的重点和难点，为教师组织课堂教学以及对学生进行语言技能乃至语言交际技能的训练服务。

在广泛征求教材使用者意见的基础上，我们进行了修订，使教材进一步完善。我们替换了内容过时的课文，删去了不常用的生词，增加了使用频率高的新词。为方便教学，我们增加了一些练习，把原有的练习调整为课堂练习和家庭作业两个部分，这样课上课下既分工又合作。我们以课堂练习为主，家庭作业为辅。家庭作业既可以是课堂教学的弹性内容，也可以作为第二天课上复习、检查的内容。

修订这套教材，我们总的指导思想是：以语音、词汇、语法、汉字等语言要素的教学为基础，通过课堂教学，帮助学生把语言要素转化为语言技能，进而转化为语言交际技能。为此，我们提出以下教学建议：

1. 语音是学生语言能力的门面，也是对外汉语教学的难点之一，所以我们保留了语音集中教学的前10课，在其他各课中仍然进行分散的语音训练，希望教师根据学生的发音问题，有选择、有重点、有针对性地进行语音训练。特别是声调的练习，我们特意将"定调音节"的练习延伸到第四册。因为汉语词大部分是双音节词，掌握了双音节的声调，就等于掌握了大部分汉语词的声调。双音节声调搭配总共只有20个，我们选了20个双音节作为定调标准。掌握了这20个双音节的声调，以后学生出现声调错误时，用定调音节提示一下，他们便可自行改正。练习中的"朗读定调音节"在第一册前9课是朗读拼音，第一册第十课以后过渡为朗读汉字。

2. 第一册的重点虽然是语音训练，但教师在突出听说训练的同时，也要重视汉字的认读和书写练习，帮助学生打好汉字基础。第一、二册各课后都附有"汉字表"，为了简明，我们删去了"繁体"一栏（如有必要，另出版繁体字版），保留了笔画笔顺和构成合体字的拆分部件两个部分。

3. 第二册到第八册的重点是词语教学，教师要帮助学生全面掌握好词语的"音、形、义、用"。每课生词表里的生词包括课文中的生词和练习中的生词。按照北语的教学模式，教师应该要求学生课前预习好生词，基本掌握词语的"音"和"义"。课堂练习的重点是词语的"音、义、用"，特别是词语的搭配和活用。词语的"形"可让学生通过家庭作业掌握。

4. 离合词是汉语特有的语言现象，且大多是动词。在前两版中，有的作为词组处理，不标注词性，汉语拼音分写；有的作为词处理，标注动词，汉语拼音连写。本次修订统一作为词，标注词性，汉语拼音连写。因为特殊，学生难于掌握，常常用错，所以在教学中教师要重视离合词的讲练。

5. 本教程是为外国留学生编写的，生词表中有个别生词的拼音标的是变调

（包括轻声），而没有采用《现代汉语词典》（第7版）标注的本调。这样，他们学习和使用起来比较贴近生活。离合词的拼音连写也是基于这一理念。

6. 汉语普通话是以北京语音为标准音，以北方话为基础方言的。我们本着这一原则处理儿化音，根据北京语音在需要儿化的词语后都加了"儿"，以方便学生学习地道的汉语普通话。

7. 语法讲解从结构入手，不追求系统性，力求简单明白，重视语义和语用功能的说明。教师可通过图片、动作、视频等各种直观手段展示语法点，再进行机械练习，最后落实到活用上，使学生置身于语言交际情境中，而不是语法术语和概念中。

8. 课文以话题为中心，为学生提供交际的模式。第一册到第四册的重点是关于学习、生活方面的交际，从第五册开始，话题逐渐向社会交际过渡，增加介绍中国国情、中国人的观念习俗等文化方面的内容。教师要尽量引导学生以课文为范本，说他们自己想说而不会说的话，以此训练学生的汉语思维能力，开发他们的语言潜能，提高交际能力。

9. 本教程逢五逢十的课设计了"功能会话"练习，意在突出"结构与功能相结合"的原则。"功能会话"练习与当课关系不是很紧密，但有一定的概括性。

10. 教师可多采用任务教学法，给学生布置各种交际任务，多组织课堂活动，要求学生使用语言完成交际任务，在交际中学习语言，强化他们学习语言的成就感，激发他们的学习积极性。

编　者
2021年3月

Preface for the Third Edition

Chinese Crash Course: Integrated Textbook (Third Edition) is the revised version of the first edition (*Short Term Intensive Elementary Chinese*, 1996, Beijing Language and Culture University Press) and the second edition (*Speed-up Chinese: Integrated Textbook*, 2007, Peking University Press). It is with the following advantages and features reserved:

1. With a vocabulary over 3,600, the textbooks cover the useful and common vocabulary for foreign students to study and live in China. After learning this course, students are expected to improve their language proficiency in Chinese communication.

2. The materials we used are student-centered, practical and interesting. The unrevised version provided students with materials from daily life, which can be put into practice immediately after class. The language of texts has a fine sense of humor, in which we believe students would be highly motivated in their language acquisition.

3. We apply inductive method to elaborate the grammar points. We have briefly dealt with the most frequently used grammatical rules and explained them in as non-technical a way as possible. New grammar points are not strictly confined to certain text since long-year teaching experience shows that for adult-learners, a general impression for the language will help them form a stronger foundation for their language learning.

4. The training mode of "pronunciation→words and phrases→sentence patterns→function→expressions in paragraph→discourse structure→reading comprehension" keeps unchanged in the third edition. The exercises are closely related to the text. The key grammar points are highlighted in the exercises. It is designed

to assist teachers to organize in-class activities and consolidate the students' in-class acquisition.

We revised the textbooks based on the suggestions of textbook users. Outdated texts were changed, uncommonly used words were deleted, and new frequently used words were added. For the teachers' convenience, we replenished some exercises, and divided the original exercises into in-class exercises and homework. Thus, in-class exercises and homework have cooperation and division, mainly in-class exercises and homework as a supplement. Homework can be used as the flexible content for class teaching, some can be used for reviewing and examining on the second day.

Our guideline for this revision is to integrate phonetics, vocabulary, grammar and Chinese characters into the textbook and by the designed in-class activities, learners are able to transfer what is in the text into daily use and hence they can improve their language skills. To achieve this goal, we propose the following suggestions for teachers:

1. Pronunciation is a key and difficulty for language learners. Accordingly, we reserve the first ten lessons with the focus on pronunciation drills. Pronunciation drills are also distributed in each lesson. We hope that pronunciation drills can be varied according to students' pronunciation problems. Especially tones' practice, we intentionally extended the exercise of "Read aloud the syllables and pay attention to the tones" to the fourth volume. Most of Chinese words are disyllabic, mastering the tones of disyllabic words equates to mastering the tones of most of Chinese words. There are only 20 disyllabic tonal collocations, we selected the 20 syllables as the tone standard. When students make tonal mistakes, the tones of the 20 syllables can be used as a reference for them to correct. "Read aloud the syllables and pay attention to the tones" in lesson 1 to lesson 9 of the first volume is to read aloud the Pinyin, and from lesson 10 of the first volume on, this exercise is gradually transiting to read aloud Chinese characters.

2. Though the first volume focuses on pronunciation drills, Chinese characters

should also be involved in class. Teachers should help the students lay a good foundation of Chinese characters. "Table of Chinese characters' order of strokes" are attached in the first and second volumes. We deleted the column of "traditional Chinese characters" (traditional Chinese characters version can also be published if necessary), and reserved the columns of strokes, order of strokes and components of composite Chinese characters.

3. From the second volume to the eighth volume, the emphasis is on vocabulary. The glossary in each lesson includes new words in the text and exercises. According to "Beiyu mode", students are required to preview the new words before class, and have a basic command of "pronunciation" and "meaning" of the new words. The key of in-class practice is "pronunciation, meaning, use" of the words, especially the collocation and variation of the words. "Form" of the words can be practiced through homework.

4. Segregatory words are special language phenomena in Chinese, most of them are verbs. They are regarded as phrases in the first and second editions, and separately writing of Chinese Pinyin; some of them are regarded as words, parts of speech tagging as verbs, and continuously writing of Chinese Pinyin. In this version, segregatory words are regarded as words, parts of speech tagging as verbs, and continuously writing of Chinese Pinyin. Because its difficulty, teachers should pay attention to the practice of segregatory words for avoiding students' mistakes.

5. The course is compiled for foreign students, so some Pinyin of the new words are marked modified tones (including neutral tone), not the original tone in *Modern Chinese Dictionary (7th Edition)*. Thus, the students can smoothly learn and use Chinese language in daily life. Continuously writing of Chinese Pinyin of segregatory words is also base on the same principle.

6. Beijing pronunciation is the standard pronunciation of Putonghua, and the northern dialect is its basic dialect. According to this principle, we put "er" on the R-pronounced Words, for the students to learn authentic Chinese.

7. Teachers are expected to deal with the most frequently used grammatical rules

and explained them in as non-technical a way as possible. To achieve this, multi-media assistance, like pictures, body language and videos, can be used in class. In this way, students can be immersed in the language rather than lost in the grammatical jungle.

8. The texts are topic-centered and provide students with communication drills. The first volume to the fourth volume is mainly about campus life. From the fifth volume on, more social talks about Chinese culture, customs and ideas are involved. Teachers are expected to focus on the text and try to open students' mouths, improve their language ability and cultivate their language-learning potential.

9. "Functional conversations" is designed for this course every fifth or tenth lesson, with emphasis on "combining the linguistic structure with function". "Functional conversations" might be not closely related to the texts, but it is still a succinct summary.

10. Teachers can apply task-based approach in class and assign different communication tasks to students as much as possible. More in-class activities are strongly suggested. Hence, students are able to learn the language through communication and could be motivated by using the language.

Compilers
March, 2021

第1版前言

《速成汉语初级教程·综合课本》是为短期班零起点的外国学生编写的初级汉语教材（也可供长期班零起点的外国学生使用），教学时间为一个学期（20周），要求学生基本达到国内基础汉语教学一学年所达到的汉语水平。

速成教学时间短，要求高，只有实行"强化 + 科学化"的教学，才能成为最优化的教学。我们认为，速成教学的总体构想应该是：以掌握话题内容为教学的最低目的，以掌握话题模式为教学的最高目的，以掌握语法、功能为实现教学目的的具体措施和根本保障。因此，本教材的总体构想是：以话题为中心，以语法、功能为暗线，以全方位的练习为主体。

教材具体安排如下：共编80课，语音教学贯彻始终。1~10课突出语音（声母、韵母、声调），不涉及语法和功能；11~80课侧重于语法和功能，兼顾语音（难音、难调、重音、语调）。

编写课文时，我们慎重筛选和安排话题。有关生活、学习、交际方面的内容先出，介绍中国国情、中国人观念习俗的文化内容后出。其中，介绍中国国情的内容，以反映社会积极因素为主，但也有个别课文是反映社会消极因素的，避免脱离实际。课文内容的确定，均受一定语法点的制约，但又不捆得过死，注重语言的流畅性和趣味性。课文篇幅逐渐加长，但最长的不超过500字。

这套系列教材共出生词3400多个（专名未计算在内）。注音基本上以中国社会科学院语言研究所词典编辑室所编的《现代汉语词典》为依据，极个别的词参考了《汉语水平词汇与汉字等级大纲》。词性主要参考冯志纯等主编的《新编汉语多功能词典》。每课生词平均43个左右，只要求学生掌握本课重点词语。

语法点的选取主要依据国家对外汉语教学领导小组所编的《汉语水平等

级标准与语法等级大纲》。教材中涉及的语法点，甲级的只有少数没出，乙级的出了大部分，丙级的也选取了一些。我们对少数语法点进行了调整，扩大了趋向补语、结果补语以及主谓谓语句的范围，增加了数量补语。语法难点分散出。对课文中出现的语法点，我们采取分别对待的处理方法：重点的语法点注释略多些，次重点的语法点注释从简，非重点的语法点不加注释，如连动句、兼语句等。语法点不是见一个注一个，基本上采取归纳法，并注意说明使用条件。

这套系列教材共选取100多个功能项目。这些功能项目都是学生最常见、最急用的。对这些功能项目也采取归纳法，而且是在逢五逢十的课中归纳。所归纳的功能项目只具有提示作用，在句型上不求全，教师上课时可根据教学实际情况适当补充。

我们所设计的练习是为教师备课、组织课堂教学、对学生进行技能训练服务的，说到底，是为提高学生的语言交际能力服务的。为此，我们采用了"语音→词语→句型→功能→成段表达→篇章结构→阅读理解"一条龙的练习模式。这些练习为帮助学生打好语音基础、实现从单句表达到成段表达的平稳过渡提供了可靠的保障。

我们的教材编写工作一直是在校领导和国家对外汉语教学领导小组办公室的大力支持下、在院领导的具体指导下、在学院同志的热情帮助下进行的。没有上上下下的通力合作，这套教材是编不出来的。

在教材编写过程中，我们召开过院内专家咨询会、校内专家咨询会，参加过合肥教材问题研讨会。与会专家对我们的教材初稿提出了许多宝贵意见，使我们的修改工作有了准绳。

在编写课文时，我们参考了校内外的有关教材，如韩鉴堂编的《中国文化》、赵洪琴等主编的《汉语写作》、刘德联等编的《趣味汉语》、吴晓露等主编的《说汉语 谈文化》、潘兆明主编的《汉语中级听力教程》、吕文珍主编的《五彩的世界》等，从中受益匪浅。

在此，我们谨向有关领导、专家、同行和所有直接或间接帮助过我们的同志表示衷心的感谢。限于水平,教材的缺点和错误在所难免,恳请使用者给予批评指正。

编 者
1995年12月

Preface for the First Edition

Short Term Intensive Elementary Chinese is a Chinese language textbook designed for foreigners at elementary level in short term classes. It can, however, also be used for long term classes. The course covers one semester (20 weeks), students are expected to reach the basic level of one year regular Chinese language learning in China.

Intensive Chinese teaching requires "intensify + science". We think that the basic principle is: the minimum teaching aim is to master the topic contents, the maximum teaching aim is to master the topic mode, and the ultimate aim is to have a good command of grammar and function. In short, the overall design of the textbooks is centered on the topics, grammar and function as inherent clues, and accompanied with various exercises.

The textbooks consist of 80 texts and with pronunciation teaching throughout. Lesson 1 to Lesson 10 deals with pronunciation (initials, finals and tones), and without grammar and function involved. Lesson 11 to Lesson 80 focuses on grammar and function, with pronunciation involved (difficult syllables, tones, stress, and intonation).

Topics are carefully selected for compiling the texts. Topics from daily life are preferable, and then topics related to Chinese culture and customs. Positive aspects of Chinese society are highlighted, however, negative aspects are reserved for authenticity. The texts are restricted by grammar points in some extent, but language's fluency and interest are still pursued. The length of texts is added progressively, no more than 500 words.

The textbooks include over 3,400 words (excluding the proper nouns). Pronunciation is mostly based on *Modern Chinese Dictionary* compiled by dictionary department of Institute of Linguistics at Chinese Academy of Sciences. Some words are based on *Syllabus of Graded Words and Characters for Chinese Proficiency*. Parts of speech are mainly based on *The Newly Compiled Chinese Multiple Functional Dictionary* chiefly compiled by Feng Zhichun and so on. Each text consists of about 43 new words, students are required to have a good command of key words and phrases.

Grammar points are basically selected according to *Chinese Proficiency Graded Standard and Grammar Syllabus* compiled by China National Office for Teaching Chinese as a Foreign Language. Most of grammar points of class-A are included, as well as those of class-B. Grammar points of class-C are also selected. We have adjusted some of the grammar points, and extended the scope of directional complement, resultative complement and clausal predicate sentence, etc. Quantitive complement is also added. We have interpreted the grammar points in different ways: key grammar points are explained in detail, less important grammar points are explained in brief, and non-key grammar points are omitted, for example, sentences with serial verbs and pivotal sentences, etc. The inductive method has been adopted, with explanations to the condition of usage.

Over 100 functional items have been selected in the textbooks, which are useful and practical. These items have been summarized every fifth and tenth lesson. Sentence patterns might not be all covered, teachers can replenish it according to their teaching needs.

The exercises have been designed for teachers' lesson preparation and classroom organization, as well as for students' skills training. In the long run, the exercises aim to improve students' communication skills. We adopted the exercise mode: "pronunciation→words and phrases→sentence patterns→function→expressions in paragraph→discourse structure→reading comprehension". The exercises can be helpful to lay a solid foundation in students' pronunciation and communication skills.

The textbooks have been supported by our university and China National Office for Teaching Chinese as a Foreign Language, as well as our colleagues. Without them, the textbooks cannot be published.

While compiling the textbooks, seminars among experts of our university and college were held. We also attended the conference in Hefei on textbooks. Those experts have given us many helpful suggestions, which are very useful and constructive.

Many textbooks have been used as reference. These books are: *Chinese Culture* (compiled by Han Jiantang), *Chinese Writing* (chiefly compiled by Zhao Hongqin and so on), *Interesting Chinese* (compiled by Liu Delian and so on), *Talking about Chinese Culture* (chiefly compiled by Wu Xiaolu and so on), *Chinese Intermediate Listening Course* (chiefly compiled by Pan Zhaoming), *The Colorful World* (chiefly compiled by Lyu Wenzhen).

We would like to express our sincere thanks to those who have given us direct or indirect help. Because of our limited knowledge, mistakes are inevitable, your suggestions are very much appreciated.

Compilers

December, 1995

第2版前言

《速成汉语基础教程·综合课本》是《速成汉语初级教程·综合课本》的修订版。在修订过程中，我们保持原教材的优势和特色：

1. 全书共出词语3600多个，基本涵盖了《汉语水平词汇与汉字等级大纲》中的甲、乙两级词汇，另有一部分丙级词和超纲词。学完本教程的学生有望通过较高等级的HSK考试。

2. 原教材选取了贴近学生生活、学了就能用的话题，这样的内容学生喜欢学、愿意学。课文语言自然流畅、风趣幽默，能够引起学生的学习兴趣，激发他们的学习积极性。

3. 原教材语法点的讲解基本采用归纳法，课文编写不受语法点的绝对限制，允许冒出新的语法点。多年的教学经验证明，对成年人的汉语教学，首先要使他们对各种语言现象形成真切的感性认识，到一定阶段再进行归纳总结，帮助他们上升到理性认识，这样才符合第二语言教学的规律。

4. 原教材设计的练习大都紧紧围绕课文和当课的语法点，针对当课的重点和难点，能够很好地为教师备课、组织课堂教学、对学生进行语言技能和语言交际技能的训练服务。

原教材使用了10多年，我们也发现一些问题，如有的内容过时，有的练习显得臃肿，有的语法点解释过于烦琐等。这次修订，我们做的主要工作如下：

1. 为方便学生使用，把原教材的四册拆分为八册。本教程是为短期班零起点的外国学生编写的基础汉语教材，原教材80课共四册，每册20课，课本厚，内容多，学生短期内学不完，所以不适合短期班学生选择使用。修订后每册10课，便于教学单位根据学生实际水平灵活选用。学生能够在短期内学完一册课本，也会很有成就感和满足感。

2. 与时俱进，替换了部分课文。原教材中有些过时的内容都已撤换，另外增加了一些新鲜的词语，如"网吧""上网""手机""短信""数码相机""MP3""电子邮件"等等。

3. 压缩了部分练习。原教材的练习丰富有效，但是受教学时间限制，课上不能全部完成，短期班学生又不宜留过多的家庭作业，因此我们精简了练习项目，有些内容移到了与之配套的《速成汉语基础教程·听说课本》中。

4. 精简了语法点的注释。为贯彻"强化词语教学，淡化句法教学"的原则，并且考虑到短期班学生不一定要掌握系统的语法，我们把原教材中过于烦琐的语法注释删去，以便于教师讲解和学生记忆。

修订这套教材，我们总的指导思想是：以语音、词汇、语法、汉字等语言要素的教学为基础，通过课堂教学，帮助学生把语言要素转化为语言技能，进而转化为语言交际技能。为此，我们提出以下教学建议：

1. 由于语音是学生语言能力的门面，也是对外汉语教学的难点之一，我们保留了作为语音集中教学阶段的前10课，同时在各课中仍然进行分散的语音训练，希望教师根据学生的发音问题，有选择、有重点地加强语音训练。

2. 第一册的重点虽然是语音训练，但教师在突出听说训练的同时，也要重视汉字的认读和书写练习，帮助学生打好汉字基础。

3. 第二册到第八册的重点是词语教学。每课生词表里的生词包括课文中的生词和练习中的生词，两部分生词同等重要。在教学中，我们希望教师带领学生完成课后的所有练习，并且重视词语的搭配和活用，帮助学生掌握好词语的"音、形、义、用"。

4. 语法讲解不追求系统性，力求简单明了，从结构入手，重视语义和语用功能的说明。教师可通过图片、动作、视频等各种直观手段展示语法点，再进行机械练习，最后落实到活用上，使学生置身于语言交际的情境中，而不是语法术语和概念中。

5. 课文以话题为中心，为学生提供交际的模式。第一册到第四册的重点是有关学习、生活方面的交际，从第五册开始，话题逐渐向社会交际过渡，增加介绍中国国情、中国人的观念习俗等文化方面的内容。教师要尽量引导学生以课文为范本，说他们自己想说的话，以此训练学生的思维能力，开发他们的语言潜能，提高交际能力。

6. 教师可采用任务教学法，给学生布置各种交际任务，多组织课堂活动，要求学生使用语言完成交际任务，在交际中学习语言，强化他们学习语言的成就感，激发他们的学习积极性。

《速成汉语基础教程·综合课本》(1—8)(第2版)的主编为郭志良和杨惠元。在本教程的修订过程中，张志忠修改了部分插图，赵娅修改了部分语法注释的英文翻译，罗斌翻译了前言。

编　者

2007年2月

Preface for the Second Edition

Speed-up Chinese: Integrated Textbook is the revised version of *Short Term Intensive Elementary Chinese,* with the following advantages and features reserved:

1. With a vocabulary over 3,600, the textbooks cover class-A and class-B words of *Syllabus of Graded Words and Characters for Chinese Proficiency*. Words of class-C and higher are included as well. After learning this course, students are expected to pass the advanced level of HSK.

2. The materials we used are student-centered. The unrevised version provided students with materials from daily life, which can be put into practice immediately after class. In this way, we believe students would be highly motivated in their language acquisition.

3. We apply inductive method to elaborate the grammar points. We have briefly dealt with the most frequently used grammatical rules and explained them in as non-technical a way as possible. New grammar points are not strictly confined to certain text since long-year teaching experience shows that for adult-learners, a general impression for the language will help them form a stronger foundation for their language learning.

4. The exercises are closely related to the text. The key grammar points are highlighted in the exercises. It is designed to assist teachers to organize in-class activities and consolidate the students' in-class acquisition.

The unrevised version has been in use for over ten years. Great changes have been taken place in the world and also in Chinese language. To make the textbook adapt to the changes, we revised the book. For this revision, our main focuses are:

1. For the learners' convenience, we divided the original four volumes into eight.

The revised version targets at short-term beginners. The unrevised version includes 80 lessons distributed in four volumes, with each having 20 lessons. While the revised version has 10 lessons for each volume, it can better suit the needs of short-term beginners.

2. We keep our pace with the times and update the materials. New words, such as Internet café, surf online, cell-phone, text messages are added into the revised version.

3. We removed some of the exercises. The exercises in the unrevised version are abundant. In considering the short learning span, we cut some exercises to suit the short-term learners' needs. A portion of the exercises is transferred to the *Speed-up Chinese: Listening and Speaking*.

4. We simplified the notes and explanations for grammar points. For beginners, emphasis should be put on vocabulary rather than the sentences. We removed some lengthy and complex notes and simplified the explanation to meet the requirements of learners.

Our guideline for the revision is to integrate phonetics, vocabulary, grammar and Chinese characters into the textbook and by the designed in-class activities, learners are able to transfer what is in the text into daily use and hence they can improve their language skills. To achieve this goal, we proposed the following suggestions for teachers:

1. Pronunciation is a key to language learners' learning and communication success outside the classroom. Accordingly, we reserved the first ten lessons with the focus on pronunciation drills. Pronunciation drills are also distributed in each lesson. We hope that teachers can pay continuous attention to students' pronunciation.

2. Though the first volume focuses on pronunciation drills, Chinese characters should also be involved in class. Teachers should help the students lay a good foundation of Chinese characters.

3. From the second volume to the eighth volume, the emphasis is on vocabulary. The glossary in each lesson includes new words in the text and exercises. Teachers

are expected to guide students to finish the exercises. Meanwhile, the collocation and variation of the words should also be emphasized.

4. Teachers are expected to deal with the most frequently used grammatical rules and explained them in as non-technical a way as possible. To achieve this, multi-media assistance, like pictures, body language and videos, can be used in class. In this way, students can be immersed in the language rather than lost in the grammatical jungle.

5. The texts are topic-centered and provided students with communication drills. Volume 1 to volume 5 is mainly about campus life. From volume 5 on, more social talks about Chinese culture, customs and ideas are involved. Teachers are expected to focus on the texts and try to open students' mouths, improve their language ability and cultivate their language-learning potential.

6. Teachers can apply task-based approach in class and assign different communication tasks to students. More in-class activities are strongly suggested. Hence, students are able to learn the language through communication and could be motivated by using the language.

Speed-up Chinese: Integrated Textbook (1—8) (Second Edition) is chiefly compiled by Guo Zhiliang and Yang Huiyuan. Zhang Zhizhong redrew some of the pictures, Zhao Ya revised the English grammar notes and Luo Bin translated the English preface.

Compilers
February, 2007

CONTENTS 目 录

第一课　内蒙古见闻 ······001

- 一 课文　Text ······001
- 二 生词　New words ······002
- 三 课堂练习　Exercises ······004
- 四 家庭作业　Homework ······007
- 五 语法　Grammar ······010
- 六 注释　Notes ······011
- 七 附录　Appendix ······011

第二课　李山和他的嫂子 ······013

- 一 课文　Text ······013
- 二 生词　New words ······014
- 三 课堂练习　Exercises ······016
- 四 家庭作业　Homework ······020
- 五 语法　Grammar ······022

第三课　一位农民企业家 ······024

- 一 课文　Text ······024
- 二 生词　New words ······025
- 三 课堂练习　Exercises ······028
- 四 家庭作业　Homework ······032
- 五 语法　Grammar ······034

第四课　远亲不如近邻 ··· 036

一　课文　Text ·· 036
二　生词　New words ·· 037
三　课堂练习　Exercises ··· 039
四　家庭作业　Homework ·· 042
五　语法　Grammar ·· 045

第五课　测试 ·· 047

一　课文　Text ·· 047
二　生词　New words ·· 049
三　课堂练习　Exercises ··· 051
四　家庭作业　Homework ·· 057
五　语法　Grammar ·· 059

第六课　什么是沟通 ··· 061

一　课文　Text ·· 061
二　生词　New words ·· 062
三　课堂练习　Exercises ··· 064
四　家庭作业　Homework ·· 068
五　语法　Grammar ·· 070

第七课　钓鱼 ·· 071

一　课文　Text ·· 071
二　生词　New words ·· 073
三　课堂练习　Exercises ··· 075
四　家庭作业　Homework ·· 078
五　语法　Grammar ·· 081

第八课　火热的心 ········· 082

- 一　课文　Text ········· 082
- 二　生词　New words ········· 083
- 三　课堂练习　Exercises ········· 086
- 四　家庭作业　Homework ········· 089
- 五　语法　Grammar ········· 092

第九课　中国家庭 ········· 093

- 一　课文　Text ········· 093
- 二　生词　New words ········· 094
- 三　课堂练习　Exercises ········· 096
- 四　家庭作业　Homework ········· 100
- 五　语法　Grammar ········· 103

第十课　中国概况 ········· 105

- 一　课文　Text ········· 105
- 二　生词　New words ········· 106
- 三　课堂练习　Exercises ········· 108
- 四　家庭作业　Homework ········· 113
- 五　语法　Grammar ········· 117

词汇总表　Glossary ········· 119
词汇总表（第1册—第7册）　Glossary (Volume 1–Volume 7) ········· 130
课堂练习和家庭作业参考答案　Key to exercises and homework ········· 179
语法索引（第2册—第8册）　Index of grammar (Volume 2–Volume 8) ········· 196

Dì-yī kè 第一课　内蒙古见闻

一　课文 Text

　　口语课上，白老师说："金汉成从内蒙古旅行回来了，我们请他谈谈旅行的见闻，好不好？"同学们齐声回答："好！"

　　金汉成走到讲台前边，打开电脑，一边让大家看照片儿，一边给大家做介绍：

　　这些都是我在草原上骑马的照片儿。你们看，大草原多美呀！蓝蓝的天上飘着朵朵白云，白云下面是绿色的草地、白色的羊群。我想起牧民教我的一首歌儿：蓝蓝的天上白云飘，白云下面马儿跑，挥动鞭儿响四方，

白鸟齐飞翔。要是有人来问我，这是什么地方，我就骄傲地告诉他，这是我们的家乡。

　　这张是在昭君墓前照的。你们知道中国古代四大美人吗？王昭君是其中之一。王昭君本来是汉族人，为了汉族跟少数民族的和平友好，她自愿嫁给匈奴呼韩邪单于，做了很多团结友好的工作。她死了以后，人们修建了一个很大的墓纪念她。

　　这几张是在蒙古包里吃饭的照片儿。我觉得最有意思的是在牧民家里做客。牧民们热情好客，像亲人一样接待我们。这是三口之家，男主人叫巴特尔，女主人叫李梦原，小女儿叫爱华。我问他们："李梦原怎么像是汉族人的

名字？"巴特尔笑着说："你说对了。我是蒙古族人，她是汉族人，华华一半儿是蒙古族人一半儿是汉族人。你知道她为什么叫梦原吗？连做梦都想着草原。"我跟他们开玩笑："大嫂是现代的昭君。你们一家真是蒙汉团结的模范！"巴特尔说：

"对，蒙汉本来就是一家嘛！"那天晚上，我喝了不少酒。你们看这张，我举着酒杯说："感谢你们的盛情款待，为了我们的友谊，干杯！"

金汉成介绍完了，同学们表示，以后有机会一定去内蒙古看看。

二 生词 New words

1. 见闻	（名）	jiànwén	what one sees and hears, knowledge, information
2. 齐声	（副）	qíshēng	in unison, in chorus, with one voice
齐	（副、形）	qí	simultaneously; neat, alike, all ready
3. 飘	（动）	piāo	to float (in the air), to wave to and fro, to flutter
4. 草地	（名）	cǎodì	meadow, grassland
5. 挥动	（动）	huīdòng	to wave, to brandish, to wield
挥	（动）	huī	to wave, to wield
6. 鞭（子）	（名）	biān(zi)	whip
7. 响	（动）	xiǎng	to make a sound, to sound, to ring
8. 四方	（名）	sìfāng	the four directions, all sides
9. 鸟	（名）	niǎo	bird
10. 飞翔	（动）	fēixiáng	to fly

11. 墓	（名）	mù	tomb, grave
12. 美人	（名）	měirén	beautiful woman, beauty
13. 少数民族		shǎoshù mínzú	minority nationality
少数	（名）	shǎoshù	minority
14. 和平	（名）	hépíng	peace
15. 自愿	（动）	zìyuàn	to volunteer
16. 单于	（名）	chányú	the title of the chief of the Xiongnu in ancient China
17. 团结	（形、动）	tuánjié	united; to unite
18. 蒙古包	（名）	měnggǔbāo	Mongolian tent, yurt, ger
19. 好客	（形）	hàokè	hospitable
20. 大嫂	（名）	dàsǎo	a respectful salutation for a married woman
21. 模范	（名）	mófàn	model
22. 盛情	（名）	shèngqíng	great kindness, boundless hospitality
23. 款待	（动）	kuǎndài	to entertain, to treat cordially
24. 干杯	（动）	gānbēi	to drink a toast, to cheers

补充词汇 Supplementary words

1. 形式	（名）	xíngshì	form, shape
2. 伴侣	（名）	bànlǚ	mate, partner, companion
3. 支援	（动）	zhīyuán	to support, to assist
4. 边疆	（名）	biānjiāng	border area, frontier
5. 高原	（名）	gāoyuán	plateau, highland
6. 如	（动）	rú	as if, as...as...
7. 迷人	（形）	mírén	charming, fascinating
8. 居住	（动）	jūzhù	to live, to reside
9. 泼	（动）	pō	to sprinkle, to splash, to spill
10. 构成	（动）	gòuchéng	to form, to constitute, to consist of
11. 盛大	（形）	shèngdà	grand, magnificent
12. 大量	（形）	dàliàng	large, enormous, huge
13. 宝石	（名）	bǎoshí	precious stone, gem
14. 朴实	（形）	pǔshí	simple, plain
15. 原始	（形）	yuánshǐ	original, primitive

16. 天然	（形）	tiānrán	natural
17. 植物	（名）	zhíwù	plant
18. 作文	（名）	zuòwén	composition
19. 修改	（动）	xiūgǎi	to revise, to alter, to amend
20. 招商引资		zhāoshāng yǐnzī	to attract investment
21. 省会	（名）	shěnghuì	provincial capital
22. 土	（名）	tǔ	soil, earth, dust
23. 善于	（动）	shànyú	to be good at, to be adept in
24. 乘	（动）	chéng	to ride, to take (a train, bus, etc.)
25. 火把	（名）	huǒbǎ	torch

专名 Proper nouns

1. 王昭君	Wáng Zhāojūn	name of a person
2. 汉族	Hànzú	the Han nationality, China's main nationality
3. 匈奴	Xiōngnú	Xiongnu, Hun
4. 呼韩邪	Hūhányé	name of a person
5. 巴特尔	Bātè'ěr	name of a person
6. 李梦原	Lǐ Mèngyuán	name of a person
7. 爱华	Àihuá	name of a person
8. 蒙古族	Měnggǔzú	Mongolian nationality
9. 西双版纳	Xīshuāngbǎnnà	name of a place
10. 昆明	Kūnmíng	name of a city
11. 泼水节	Pōshuǐjié	the Water-Sprinkling Festival

三 课堂练习 Exercises

（一）语音

    1. 辨音辨调

cǎodì	草地	fēixiáng	飞翔	qíngshì	情势
sǎodì	扫地	fēixíng	飞行	xíngshì	形式

| bànlǐ 办理 | zīyuán 资源 | biānjiāng 边疆 |
| bànlǔ 伴侣 | zhīyuán 支援 | biāoqiāng 标枪 |

2. 朗读古诗

离离原上草

[唐]白居易

离离原上草，一岁一枯荣。

野火烧不尽，春风吹又生。

（二）词语

从本课生词表中选择合适的词语填空

（1）徐老师热情_____，同学们常去他家做客。

（2）赵林是全国劳动_____。

（3）窗外_____来一股香味儿。

（4）旅行用的东西准备_____了吗？

（5）小宋向大家_____手告别。

（6）你这次去欧洲有什么_____？

（7）结婚是男女双方_____的事儿，别人不能干涉。

（8）多数人同意明天出发，_____人同意后天动身。

（9）为了完成这个任务（rènwu，assignment），必须_____一切可以_____的人。

（10）吃完饭，同学们说："谢谢您的盛情_____。"

（11）这里是_____气候，白天热，夜里冷。

（12）桂林的山水美_____画，实在太_____了。

（13）有20多个少数民族_____在这个省。

（14）别把水_____在门口。

（15）这个公园是由四个部分_____的。

（16）市政府举行了一个_____的宴会，庆祝五一国际劳动节（Guójì

Láodòngjié，International Labour Day）。

(17) 这所学校为国家培养了_____优秀人才。

(18) 这个戒指上的蓝_____非常珍贵。

(19) 文学的内容和_____应该统一。

(20) 这个孩子是从农村来的，非常_____。

(21) 西双版纳的_____森林是天然的_____园。

(22) 为了_____少数民族地区的建设，这些年轻人从大城市来到_____。

(23) 大内每个星期写一篇_____，方云天帮她_____。

(24) 这个地区对外开放（duì wài kāifàng，to be open to the outside world），正在_____，几年以后将有大的变化。

(25) 让我们为新郎新娘的幸福_____！

(26) 山西省的_____是哪个城市？

(27) 这屋子很长时间没打扫了，桌子上有很多_____。

(三) 句型

1. 完成句子

(1) 草原上开满了鲜花，有_____的，有_____的，有_____的，还有_____的。

(2) 我们宿舍前边有两个操场，一个_____，一个_____。

(3) 方老师让我们写作文，有的_____，有的_____。

(4) 中国人喜欢喝茶，南方人_____，北方人_____。

(5) 我常常逛街，有时候_____，有时候_____。

(6) 我们班有_____，有_____。

(7) 老张有三个儿子，大儿子_____，二儿子_____，三儿子_____。

(8) 方云天送给大内两本词典，一本_____，一本_____。

（9）同学们都在操场上锻炼，有的在_____，有的在_____，还有的在_____。

（10）同学们都在操场上锻炼，有_____的，有_____的，还有_____的。

2. 模仿上面的句子造句

(1) ……，有……的，有……的，还有……的

(2) ……，一个……，一个……

(3) ……，有的……，有的……

(4) ……，有时候……，有时候……

(5) ……，一本……，一本……

(6) ……，有的在……，有的在……

（四）成段表达

利用某次旅行时拍摄的照片儿谈旅行时的见闻。

四 家庭作业 Homework

（一）词语

用下列生词至少组成两个短语

(1) 团结：_____ _____ (2) 构成：_____ _____

(3) 支援：_____ _____ (4) 修改：_____ _____

(5) 善于：_____ _____ (6) 干杯：_____ _____

(7) 挥：_____ _____ (8) 泼：_____ _____

(9) 少数：_____ _____ (10) 自愿：_____ _____

(11) 迷人：_____ _____ (12) 朴实：_____ _____

(二) 阅读

旅游胜地——云南

有人说，"云南"是<u>彩云</u>飘向南方的意思。这是多么美丽的名字！省会昆明是个四季如春、<u>常年</u>有花的<u>春城</u>，也是一座历史悠久、名胜<u>众多</u>的高原<u>古城</u>。

从北京乘高铁，十一二个小时就可以到达昆明。当火车进入云南的时候，你会发现那里的土是红色的，树是绿色的，天是蓝色的，少数民族的姑娘们身穿花花绿绿的民族服装，这些构成了一幅五彩缤纷（wǔcǎi-bīnfēn, colorful）的迷人<u>图画</u>。

到了云南，一定要去西双版纳看看。人们把西双版纳称为云南的"绿宝石"。那儿有美丽<u>独特</u>的自然<u>风光</u>，有望不到边的原始森林。据说，西双版纳有近20000种植物，有的树高<u>达</u>62米；还有2000多种动物，其中不少是<u>珍奇</u>动物，真是一座天然的植物园和动物园。

说到少数民族，那更是云南的骄傲。云南有25个少数民族，少数民族人口占全省总人口的三分之一，是全国<u>世居</u>少数民族最多的省份。在少数民族居住的地方，你可以看到许多古老、朴实的民俗民情。特别是那些青年男女，个个<u>能歌善舞</u>，有的就是靠对歌找到了<u>如意伴侣</u>。

少数民族多，民族传统节日自然就多。什么泼水节、火把节等等，几乎每个月都有节日。在这些节日里，人们不仅举行盛大的文化娱乐活动，而且进行招商引资的经济活动。这使云南变成<u>中外游人</u>向往的<u>旅游胜地</u>。

1. 根据上下文解释下列词语的意思

 （1）彩云——

 （2）常年——

 （3）春城——

 （4）众多——

 （5）古城——

 （6）图画——

(7) 独特——

(8) 风光——

(9) 达——

(10) 珍奇——

(11) 世居——

(12) 能歌善舞——

(13) 对歌——

(14) 如意伴侣——

(15) 中外游人——

(16) 旅游胜地——

2. 根据短文填空

(1) 云南的省会是_____。

(2) 从_____坐高铁，_____就可以到达昆明。

(3) 云南的_____是蓝色的，_____是绿色的，_____是红色的，姑娘们穿的民族服装是_____的，这些构成了一幅_____。

(4) 据说，西双版纳有近20000种_____，还有2000多种_____，是天然的_____和_____。

(5) 云南有_____个少数民族，是全国_____少数民族最多的省份。

(6) 在云南，几乎每个月都有_____。

3. 判别正误

(1) 昆明是一座景色美丽、历史悠久的城市。（　　）

(2) 云南少数民族的姑娘们穿着各种颜色的民族服装。（　　）

(3) 西双版纳是一座现代化的植物园和动物园。（　　）

(4) 世居在云南的少数民族有20多个。（　　）

(5) 在云南,有的青年男女靠对歌找对象。　　　　　(　)

(6) 居住在云南的少数民族有很多传统节日。　　　　(　)

(7) 去云南旅游的人很多。　　　　　　　　　　　　(　)

(三) 写作

请介绍你们国家的一个旅游胜地或者你最喜欢去的一个地方。

五 语法 Grammar

总分复句　Whole-part complex sentence

由总说和分说两部分构成的复句,称为总分复句。这种复句常用的格式有"……,一个……,一个……""……,一半儿……,一半儿……""……,一大半儿……,一小半儿……""……,有……,有……""……,有的……,有的……""……,有……的,有……的""……,有的时候……,有的时候……"等。总说部分一般由主谓短语充当;分说部分可以是两项,也可以是多项。例如:

This kind of complex sentence is composed of two parts: one part relates to something as a whole and the other relates to the components of it. Constructions frequently used in this kind of complex sentence include: "……,一个……,一个……""……,一半儿……,一半儿……""……,一大半儿……,一小半儿……""……,有……,有……""……,有的……,有的……""……,有……的,有……的""……,有的时候……,有的时候……" etc. The part that relates to the whole may consist of subject-predicate phrases, and the part that relates to the components may consist of two or more clauses. For example:

(1) 他有两个哥哥,一个在上大学,一个在公司工作。

(2) 他们班有20个学生,一半儿是男生,一半儿是女生。

(3) 摊子上摆着一些水果,一大半儿是苹果,一小半儿是香蕉。

(4) 菜很多,有鸡,有鱼,有青菜。

（5）他们都在劳动，有的在打扫房间，有的在擦窗户。

（6）他们都在劳动，有打扫房间的，有擦窗户的。

（7）他的学习成绩不稳定，有的时候很好，有的时候不太好。

（8）这是三口之家，男主人叫巴特尔，女主人叫李梦原，小女儿叫爱华。

六 注释 Notes

中国古代四大美人　The four beauties in ancient China

中国古代四大美人，指春秋时期的西施、汉朝的王昭君和貂蝉、唐朝的杨玉环。

The four beauties in ancient China refer to Xishi in the Spring and Autumn Period, Wang Zhaojun and Diaochan in the Han Dynasty and Yang Yuhuan in the Tang Dynasty.

七 附录 Appendix

中国主要的名胜古迹
Major Places of Historic Interest and Scenic Beauty in China

省/市	名胜古迹
北京	故宫、天坛、颐和园、圆明园、长城、十三陵、周口店
河北	承德避暑山庄、北戴河、易县清西陵
山西	太原晋祠、大同云冈石窟
山东	泰山、曲阜孔庙
河南	嵩山少林寺、洛阳龙门石窟
陕西	西安秦始皇陵、兵马俑、华山
甘肃	敦煌莫高窟
安徽	黄山、九华山

(续表)

省/市	名胜古迹
江西	庐山、井冈山
浙江	杭州西湖
江苏	南京中山陵、苏州拙政园
云南	西双版纳、路南石林、大理洱海
广西	桂林漓江
西藏	拉萨布达拉宫
四川	峨眉山、乐山大佛

Dì-èr kè 第二课　李山和他的嫂子

一　课文 Text

李山从小死了父母。他跟哥哥相依为命，日子虽说苦了点儿，但是有哥哥的关心和照顾，他每天笑呵呵的，生活得无忧无虑。没想到16岁那年，哥哥和嫂子举行婚礼的第二天，一场车祸夺走了哥哥的性命，家里只剩下他和嫂子两个人。

嫂子在政府机关当公务员，算是白领阶层，但是工资并不高。哥哥去世以后，很多人劝她改嫁。一天，隔壁的王大妈来给嫂子介绍对象。对方是某公司的销售经理，工资很高，为人也很老实。第一次见面，嫂子问他："带着李山行吗？"那个人叹了口气，摇了摇头，就这样"拜拜"了。此后，又有人给她介绍了几个，条件也都不错，但嫂子的要求只有一个："带着李山。"尽管嫂子本人的条件很好，又贤惠又漂亮，可是谁愿意找一个带着"弟弟"出嫁的女人？

嫂子每天白天上班，晚上回来做饭、洗衣服，像妈妈一样照顾李山。为了供李山上学，她省吃俭用。以前她去市场买菜，从来不问价钱。现在她学会了讨价还价，就是为了省一毛两毛的菜钱。看着嫂子一天比一天瘦，头上也多了不少白发，李山心疼极了，说："嫂子，我不想考大学了，高中毕业后我就去打工。"

嫂子觉得李山脑子非常聪明，学习又特别用功，凭他的成绩考上北大清华没问题。听了李山的话，嫂子说："你书读得这么好，就这样放弃太可惜了。读大学是为了接受高等教育，是为了提高素质和能力，以便将来为社会做出更大的贡献。现在这点儿生活上的困难不算什么，都是可以克服的。你要好好想想我说的话，免得将来后悔。"

听了嫂子的话，李山学习更努力了。现在，他已经是北京大学物理系的高才生了。

二 生词 New words

1. 相依为命		xiāngyī-wéimìng	to depend on each other for survival
2. 虽说	（连）	suīshuō	although, though
3. 笑呵呵	（形）	xiàohēhē	happy and gay
4. 车祸	（名）	chēhuò	traffic accident
5. 夺	（动）	duó	to lose, to deprive
6. 性命	（名）	xìngmìng	life (of a man or an animal)
7. 机关	（名）	jīguān	office, department, organ
8. 白领	（名）	báilǐng	white collar
9. 阶层	（名）	jiēcéng	class, rank, stratum
10. 劝	（动）	quàn	to advise, to urge, to persuade
11. 改嫁	（动）	gǎijià	to be married to another man, to remarry
12. 隔壁	（名）	gébì	next door
13. 对方	（名）	duìfāng	the other side, the opposite side
14. 销售	（动）	xiāoshòu	to sell, to market
15. 叹气	（动）	tànqì	to sigh
16. 摇头	（动）	yáotóu	to shake one's head
17. 拜拜	（动）	báibái	to say good-bye
18. 此后	（名）	cǐhòu	after that
19. 本人	（代）	běnrén	oneself
20. 贤惠	（形）	xiánhuì	virtuous
21. 出嫁	（动）	chūjià	to (of a woman) get married, to marry
22. 供	（动）	gōng	to supply, to feed

23. 省吃俭用		shěngchī-jiǎnyòng	to save money on food and expenses
24. 高中	（名）	gāozhōng	high school
25. 脑子	（名）	nǎozi	brain, mind
26. 可惜	（形）	kěxī	unfortunately
27. 高等	（形）	gāoděng	higher, upper
28. 素质	（名）	sùzhì	character, quality, (psychology) diathesis
29. 以便	（连）	yǐbiàn	so that, in order to, so as to, with the aim of, for the purpose of
30. 免得	（连）	miǎnde	so as not to, so as to avoid
31. 高才生	（名）	gāocáishēng	brilliant (or outstanding) student

补充词汇 Supplementary words

1. 初犯	（动、名）	chūfàn	to commit at the first time; first offence, first crime
犯	（动）	fàn	to commit, to offend
2. 以免	（连）	yǐmiǎn	so as not to, in order to avoid
3. 惊	（动）	jīng	to start, to be frightened
4. 眼泪	（名）	yǎnlèi	tears
5. 残疾人	（名）	cánjírén	disabled people
残疾	（名）	cánji	deformity, physical disability
6. 法院	（名）	fǎyuàn	court, court of justice
7. 判	（动）	pàn	to sentence
8. 恨	（动）	hèn	to hate
9. 心眼儿	（名）	xīnyǎnr	heart, mind, intention
10. 替	（动）	tì	to take the place of, to replace
11. 拄	（动）	zhǔ	to lean on (a stick, etc.)
12. 双拐	（名）	shuāngguǎi	a pair of crutches
拐（杖）	（名）	guǎi(zhàng)	crutch, walking stick
13. 道	（动）	dào	to say, to talk, to speak
14. 教训	（动、名）	jiàoxun	to teach sb. a lesson; lesson, moral
15. 居委会	（名）	jūwěihuì	residents' committee
居民	（名）	jūmín	resident, inhabitant

委员会	（名）	wěiyuánhuì	committee, commission
16. 好	（动）	hǎo	to be easy to, to be convenient for
17. 离开	（动）	líkāi	to leave, to depart from
18. 未婚夫	（名）	wèihūnfū	betrothed husband, fiancé
19. 犯罪	（动）	fànzuì	to commit a crime
罪	（名）	zuì	crime, guilt, blame
20. 情节	（名）	qíngjié	details of a case
21. 减刑	（动）	jiǎnxíng	to reduce a penalty, to commute (or mitigate) a sentence
22. 肖像	（名）	xiàoxiàng	portrait
像	（名）	xiàng	portrait
23. 忍不住		rěnbuzhù	to be unable to bear, cannot help doing sth.
忍住		rěnzhù	to bear, to endure
忍	（动）	rěn	to endure, to bear, to put up with
24. 不管	（连）	bùguǎn	regardless of, no matter (what, who, etc.)

专名 Proper nouns

1. 李山	Lǐ Shān	name of a person
2. 何美云	Hé Měiyún	name of a person
3. 史朋	Shǐ Péng	name of a person
4. 史荣	Shǐ Róng	name of a person

三 课堂练习 Exercises

（一）语音

1. 辨音辨调

| chūfàn | 初犯 | nǎozi | 脑子 | hébì | 何必 |
| chīfàn | 吃饭 | lǎozi | 老子 | gébì | 隔壁 |

| xìngmìng | 性命 | jīmín | 饥民 | yǐbiàn | 以便 |
| xìngmíng | 姓名 | jūmín | 居民 | yǐmiǎn | 以免 |

2. 朗读绕口令

一个大嫂子，
一个大小子。
大嫂子跟大小子比包饺子，
看是大嫂子包的饺子好，
还是大小子包的饺子好；
再看大嫂子包的饺子少，
还是大小子包的饺子少。
结果是大嫂子包的饺子又小又好又不少，
大小子包的饺子又小又少又不好。

(二) 词语

从本课生词表中选择合适的词语填空

(1) 小王住在我的_____。

(2) 我给你画一张路线图，_____你走错路。

(3) 老华侨见到了分别40年的亲人，又_____又喜，激动地流下了_____。

(4) 李山的嫂子在政府_____工作。

(5) 小孙的女朋友很_____，每天下班后都和小孙一起照顾他生病的妈妈。

(6) 他打麻将打了一夜，到现在还满_____麻将牌。

(7) 在公共汽车上，我们应该给_____让座儿。

(8) 那个年轻人是初犯，_____只判了他三年。

(9) 你别_____他，这不是他的错，其实他的_____很好。

(10) 当公务员_____工资不高，但是受人尊敬。

(11) 你太累了，把包交给我，我＿＿＿＿＿你拿着。

(12) 这个公司的产品质量很好，所以＿＿＿＿＿得很快。

(13) 你给谁打电话？＿＿＿＿＿怎么不理你？

(14) 老李的气管炎又＿＿＿＿＿了，他咳嗽得很厉害。

(15) 她是残疾人，每天＿＿＿＿＿着双拐来上班。

(16) 那个孩子能说会＿＿＿＿＿，非常聪明。

(17) 他不接受＿＿＿＿＿，所以又＿＿＿＿＿了错误。

(18) ＿＿＿＿＿阶层的工资很高。

(19) 爸爸听说儿子酒后开车，把他狠狠地＿＿＿＿＿了一顿。

(20) 小何的妈妈是＿＿＿＿＿主任，她是个热心人。

(21) 她＿＿＿＿＿住悲痛，没有哭出来。

(22) 放弃了这次出国比赛的机会，你不觉得＿＿＿＿＿吗？

(23) 参加工作的第一年，他用自己＿＿＿＿＿存下来的钱买了一台最新的笔记本电脑。

(三) 句型

选择合适的短语，完成句子

①

A. 他把汽车卖了　　　　　　B. 你必须学会推销自己
C. 金汉成决定暑假不回国了　　D. 大内请方云天给她辅导
E. 小高不到四点就去排队了　　F. 老张每天早上去操场锻炼
G. 艾米常去四合院儿跟老人聊天儿
H. 他们关闭了清水河上游的造纸厂

(1) 为了学好汉语，＿＿＿＿＿。

(2) 为了去西安旅行，＿＿＿＿＿。

(3) 为了减肥，＿＿＿＿＿。

(4) 为了买房子，＿＿＿＿＿。

(5) 为了治理污染，_____。

(6) 为了研究中国民俗，_____。

(7) 为了找到一个好工作，_____。

(8) 为了买到足球比赛的票，_____。

②

> A. 是为了学好汉语并且了解中国　　B. 好让大家看清楚
> C. 有事情我好给他打电话　　D. 是为了让大家高兴一下
> E. 免得迟到　　F. 以便路上花
> G. 是为了看望我的爸爸妈妈　　H. 好回到宿舍复习

(1) 我到中国来，_____。

(2) 我回国_____。

(3) 张力说了两个笑话儿，_____。

(4) 你把地图挂低一点儿，_____。

(5) 我带了很多钱，_____。

(6) 丁山给我留了电话号码，_____。

(7) 山本每天上课都录音，_____。

(8) 你得早点儿出发，_____。

（四）成段表达

(1) 以李山为第一人称讲述《我和嫂子的故事》。

(2) 以嫂子为第一人称讲述《我和李山的故事》。

四 家庭作业 Homework

（一）词语

用下列生词至少组成两个短语

(1) 供：_____　_____　　(2) 车祸：_____　_____

(3) 犯：_____　_____　　(4) 替：_____　_____

(5) 劝：_____　_____　　(6) 恨：_____　_____

(7) 销售：_____　_____　(8) 教训：_____　_____

(9) 离开：_____　_____　(10) 叹气：_____　_____

(11) 贤惠：_____　_____　(12) 高等：_____　_____

（二）阅读

原谅

一天下午，何美云从外地出差回来。刚进家门，手机就响了。一看电话号码，她就知道是未婚夫史朋打来的。

一个多月没见面了，美云多想早点儿见到他啊！她急忙接通电话，未婚夫史朋的声音立刻从电话里传了过来："美云，我真对不起你，后悔没听你的话，酒后开车出了事故。<u>交警</u>说，因为我是初犯，加上犯罪情节较轻，法院可能会判我两年。我会积极主动接受改造，争取减刑，好早日回家。我现在最不放心的是你和小荣。我犯了罪，你能原谅我吗？小荣是个残疾人，希望你经常去看看她，替我照顾她。我的事儿不要告诉小荣。对了，我前几天在蛋糕店给小荣订了一个生日蛋糕，麻烦你取回来，给她送去吧。"

怎么办？两年！七百多天哪！这日子怎么过呢？她恨史朋，恨史朋酒后开车，没听她的<u>劝告</u>；她更爱史朋，爱史朋年轻<u>有为</u>，聪明能干，<u>而且</u>心眼儿好。她难过极了，晚饭也没吃，哭了整整一夜。

第二天，何美云冒着大雨从蛋糕店取回生日蛋糕去看史荣。史荣正专心地画着史朋的肖像，听见有人敲门，她<u>拄着</u>双拐来开门。看见美云，她装作高兴的样子说："美云姐，好久没见了，我真想你。"美云也装作高兴的样子道："小荣，我也很想你。你哥哥出差了，可能很长时间才回来。他让我把给你订的生日蛋糕送来……"没等美云说完，史荣再也忍不住，哭着道："别说了。我哥哥的事儿，居委会已经通知我了。真没想到，他……"

美云走到没有完成的画像前，问："这是你画的？"史荣点点头说："我父母去世早，身边只有哥哥一个亲人，是他关心我，照顾我。美云姐，他是个好人，你千万别离开他，好吗？"

美云帮她擦干眼泪，说："放心吧。不管多长时间，我都等着他。一个人不怕犯错误，只要愿意接受教训，改正错误，就能成为好人。"说着，她从盒子里取出蛋糕："来，我们一起吃蛋糕吧。"

1. 根据上下文解释下列词语的意思

   (1) 交警——

   (2) 劝告——

   (3) 有为——

   (4) 能干——

   (5) 心眼儿好——

   (6) 拄着双拐——

2. 连线

   接受　　　　两年

   出　　　　　罪

   判　　　　　肖像

   犯　　　　　蛋糕

   冒着　　　　事故

   取　　　　　眼泪

   画　　　　　教训

   擦干　　　　大雨

3. 判别正误

(1) 何美云和史朋已经结婚了。　　　　　　　　　　　(　)

(2) 史朋以前也因为酒后开车出过事故。　　　　　　　(　)

(3) 史朋要三年以后才能回家。　　　　　　　　　　　(　)

(4) 何美云恨史朋，因为他没什么能力，还不听她的劝告。(　)

(5) 史荣听说哥哥出差了，很不高兴，哭了。　　　　　(　)

(6) 史荣除了哥哥以外，没有别的亲人。　　　　　　　(　)

(7) 史荣希望何美云不要离开哥哥。　　　　　　　　　(　)

(8) 何美云愿意等史朋回来。　　　　　　　　　　　　(　)

4. 朗读课文

（三）写作

读后感：学习《李山和他的嫂子》这篇课文以后，你有什么想法？

五 语法 Grammar

目的复句　Purposive complex sentence

分句之间具有行为和目的关系的复句，叫目的复句。这种复句可分为两小类：

In this kind of complex sentence, the relation between the clauses is one of action and purpose. This kind of complex sentence can be divided into two types:

第一类，获取性目的。常用格式有"……，是为了……""……，以便……"等。例如：

Type A, which is used to show goal-oriented purposes. The sentence patterns frequently used in this type include: "……，是为了……""……，以便……" etc. For example:

（1）现在她学会了讨价还价，就是为了省一毛两毛的菜钱。

（2）读大学是为了接受高等教育，是为了提高素质和能力，以便将来为社会做出更大的贡献。

第二类，免除性目的。常用格式有"……，以免/免得……"等。例如：

Type B, which is used to show prevention-oriented purposes. The sentence patterns frequently used in this type include: "……，以免/免得……" etc. For example:

（3）你要好好想想我说的话，免得将来后悔。

（4）你早点儿做好准备工作，以免浪费时间。

第三课 一位农民企业家

一 课文 Text

金汉成天天晚上看电视。因为他想当商人,所以最喜欢看九点半的《经济半小时》节目。

昨天晚上的《经济半小时》介绍了江苏省的一位农民企业家杨保中,讲述了他在社会新发展阶段,如何办好乡镇企业,助力乡村振兴的事迹。主持人说:"站在我旁边的就是把我们的农产品打入国际市场的杨保中总经理。谁能想到,10年前他还是一位面朝黄土背朝天的农民呢?如今,他创办的企业资产已经达到13亿元,

10年累计为国家上缴税金5000万元。在他的带领下,全乡农民已经脱贫致富,生活水平有了很大的提高。"

主持人接着说:"在当前激烈的市场竞争中,杨总能够立于不败之地,主要是靠狠抓产品质量,注重企业信誉。他严格规定产品出厂前,必须经过三次检验。凡是不合格的产品,一律销毁。因此,他们企业生产的产品不仅在国内畅销,而且打进了国际市场,外国商人争相订货。"

谈到"注重企业信誉",主持人讲了一个真实的故事:

杨总手下有一位聪明能干的销售经理。有一次,这位销售经理答应把一批畅销货卖给

本市一家单位。在签订合同之前,外地的一位商人愿意出高价买这批货,于是这位经理把这批货卖给了外地商人。第二天,他向杨总汇报了这件事儿,得意地说:"这下子咱们多赚了10万。"他满以为总

经理会表扬他,并给他一笔奖金,谁知杨总听完以后生气地说:"王经理,咱们企业的信誉才值10万元?是不是太便宜了?"这位经理不但没得到表扬和奖励,反而被扣了半年的奖金。

看完节目以后,金汉成连连点头。他不禁想起了父亲对他说的话:"为人,要真诚;做生意,要讲信誉。要想做个成功的企业家,首先要学会做人。"

生词 New words

1. 企业家	(名)	qǐyèjiā	enterpriser
2. 商人	(名)	shāngrén	businessman, merchant
3. 如何	(代)	rúhé	how, what
4. 乡镇企业		xiāngzhèn qǐyè	township enterprise
乡镇	(名)	xiāngzhèn	villages and towns
5. 助力	(动)	zhùlì	to help, to assist
6. 乡村	(名)	xiāngcūn	village, countryside
7. 振兴	(动)	zhènxīng	to promote, to boost, to develop vigorously
8. 事迹	(名)	shìjì	deed, achievement
9. 农产品	(名)	nóngchǎnpǐn	agricultural products
10. 面朝黄土背朝天		miàn cháo huángtǔ bèi cháo tiān	to work hard in the field

	黄土	（名）	huángtǔ	loess
11.	创办	（动）	chuàngbàn	to establish, to set up, to found
12.	资产	（名）	zīchǎn	assets, property, capital
13.	累计	（动）	lěijì	to add up
14.	上缴	（动）	shàngjiǎo	to turn over (revenues, profits, surplus materials, etc.) to the higher authorities
	缴	（动）	jiǎo	to hand in, to hand over (revenues, profits, etc.) to the state
15.	税金	（名）	shuìjīn	tax payment, taxes
16.	带领	（动）	dàilǐng	to lead, to guide
17.	脱贫	（动）	tuōpín	to get rid of poverty
18.	致富	（动）	zhìfù	to become rich
19.	当前	（名）	dāngqián	at present, now
20.	激烈	（形）	jīliè	intense, sharp, fierce
21.	竞争	（动）	jìngzhēng	to compete, to contend
22.	立于不败之地		lìyú búbàizhīdì	to establish oneself in an unassailable position
	立于	（动）	lìyú	to stand on
	不败之地		búbàizhīdì	an invincible position
	败	（动）	bài	to fail, to lose
23.	狠	（副）	hěn	firmly, vigorously
24.	注重	（动）	zhùzhòng	to lay stress on, to pay attention to, to attach importance to
25.	出厂	（动）	chūchǎng	to (of products) leave the factory
26.	检验	（动）	jiǎnyàn	to test, to examine, to inspect
27.	凡是	（副）	fánshì	every, any, all
	凡	（副）	fán	every, any, all
28.	国内	（名）	guónèi	in the country, at home
29.	争相	（副）	zhēngxiāng	vie with each other to...
	争	（动）	zhēng	to contend, to compete
30.	手下	（名）	shǒuxià	under the leadership (or guidance, direction) of, under
31.	能干	（形）	nénggàn	capable, competent
32.	合同	（名）	hétong	contract, agreement

33. 外地	（名）	wàidì	parts of the country other than where one is
34. 得意	（形）	déyì	pleased with oneself, proud of oneself
35. 满	（副）	mǎn	completely, entirely
36. 奖金	（名）	jiǎngjīn	money award, bonus
37. 值	（动）	zhí	to be worth
38. 奖励	（动）	jiǎnglì	to reward, to give awards to
39. 扣	（动）	kòu	to deduct
40. 连连	（副）	liánlián	again and again, repeatedly
41. 不禁	（副）	bùjīn	can't help (doing sth.), can't refrain from

补充词汇 Supplementary words

1. 成本	（名）	chéngběn	cost
2. 保持	（动）	bǎochí	to keep, to maintain, to preserve
3. 和谐	（形）	héxié	harmonious
4. 供不应求		gōngbúyìngqiú	demand exceeds supply
5. 利润	（名）	lìrùn	profit
6. 有为	（动）	yǒuwéi	to be promising
7. 重点	（名）	zhòngdiǎn	key point, stress, emphasis
8. 效益	（名）	xiàoyì	beneficial result
9. 降低	（动）	jiàngdī	to reduce, to cut down
10. 优势	（名）	yōushì	superiority, dominant position, advantage
11. 知名度	（名）	zhīmíngdù	popularity
知名	（形）	zhīmíng	well-known, famous, noted
……度		…dù	suffix, to be added after nouns, verbs, and adjectives to form nouns
12. 差	（形）	chà	poor, bad, inferior
13. 儿童	（名）	értóng	children
14. 之所以	（连）	zhīsuǒyǐ	the reason why
15. 提升	（动）	tíshēng	to promote, to advance
16. 展台	（名）	zhǎntái	showcase

17. 玩偶	（名）	wán'ǒu	doll
18. 分发	（动）	fēnfā	to hand out
19. 免费	（动）	miǎnfèi	to be free of charge

专名　Proper nouns

1.《经济半小时》	Jīngjì Bàn Xiǎoshí	name of a programme
2. 江苏省	Jiāngsū Shěng	name of a province
3. 杨保中	Yáng Bǎozhōng	name of a person
4. 蒋明	Jiǎng Míng	name of a person
5. 东方食品公司	Dōngfāng Shípǐn Gōngsī	name of a company
6. 天成食品公司	Tiānchéng Shípǐn Gōngsī	name of a company

三 课堂练习 Exercises

（一）语音

1. 辨音辨调

shāngrén	商人	jìngchéng	敬称	jiǎnlì	简历
shēngrén	生人	jìngzhēng	竞争	jiǎnglì	奖励
zhēnxiàng	真相	chéngběn	成本	bǎochí	保持
zhēngxiāng	争相	chénwěn	沉稳	bǎozhí	保值

2. 朗读小快板儿

你走来，我走来，
大家走到一起来。
在这美好的世界里，
人人希望得到爱。
爸爸的爱，妈妈的爱，

老师的爱，朋友的爱。

有爱才能有和谐，

和谐社会全靠爱。

（二）词语

从本课生词表中选择合适的词语填空

(1) 金汉成毕业以后想当_____，跟中国人做买卖。

(2) 改革开放以后，这个县全部农民已经_____。

(3) 比赛场上，运动员们_____地_____着。

(4) 李教授退休以后_____了一所私人学校。

(5) _____员正在认真地_____产品的质量。

(6) 这家企业的工人收入不少，除了工资以外，还有很多_____。

(7) 老宋的先进_____非常感人。

(8) 星期日，老师要_____同学们去郊区游玩。

(9) 在学校的汉语节目表演中，我们班的节目得了一等奖，学校_____我们班每人一本词典。

(10) 我们公司_____的主要困难是产品销售不出去。

(11) _____没检查身体的同学，今天下午两点都去校医院检查。

(12) 这些丝绸质量很好，在市场上很畅销，甚至_____。

(13) 做这种小买卖_____太低，赚不了多少钱。

(14) 那位小姐很_____打扮，每天换一套衣服。

(15) 在激烈的竞争中要_____是很不容易的。

(16) 你们跟那位_____签订_____了吗？

(17) 杨总经理很会用人，他_____有很多年轻_____、聪明_____的经理、副经理。

(18) 他赚了一笔钱，心里很_____。

(19) 这篇文章的_____在最后一段。

(20) 有很多_____人来这个城市打工。

(21) 听了我的建议，老师_____摇头，说："不行！不行！"

(22) 企业的_____跟每个员工的利益都有关系。

(23) 这种产品的_____太高，要是不降低，在竞争中没有_____。

(24) 车来了，人们都_____着上车，互不相让。

(25) 阅览室里要_____安静，不能大声说话。

(26) 广告可以提高企业的_____。

(27) 这台电脑质量太_____，总是出毛病。

(28) 每年的六月一日是国际_____节。

(29) 看到这张全家福，我_____想起已经去世的爸爸。

(三) 句型

1. 完成句子

(1) 小王病了，所以_____。

小王病了，所以_____。

小王病了，所以_____。

小王病了，所以_____。

小王病了，所以_____。

小王病了，所以_____。

(2) 因为他想当商人，所以_____。

因为他想当老师，所以_____。

因为他想学太极拳，所以_____。

因为他想参加比赛，所以_____。

因为他想在竞争中取得成功，所以_____。

因为他想多赚钱，所以_____。

(3) 由于他态度真诚，所以_____。

由于他认真努力，所以_____。

由于他聪明能干，所以_____。

由于昨天天气不好，因此_____。

由于这次考试很难，因此_____。

由于企业的效益不太好，因此_____。

（4）他们之所以能够脱贫致富，是因为_____。

他们之所以能够把产品打进国际市场，是因为_____。

他们之所以能够降低成本，是因为_____。

他们之所以愿意在这儿工作，是因为_____。

他们之所以喜欢杨总经理，是因为_____。

他们之所以争相订货，是因为_____。

（5）杨保中带领全乡农民实现了脱贫致富，因此，_____。

当前市场竞争十分激烈，因此，_____。

小蒋开发的新产品为公司赚了几十万元，因此，_____。

这种药减肥效果很好，因此，_____。

在北京骑自行车非常方便，因此，_____。

去大同旅行非常有意思，因此，_____。

2. 用"可见""既然"填空

（1）这个村家家都买了小汽车，_____他们的收入都不错。

（2）你_____不舒服，就别去上班了。

（3）_____跟他们签订了合同，就把货卖给他们吧。

（4）这个老华侨做梦都喊"中国"，_____他非常思念祖国。

（5）这些老人每天都高高兴兴的，_____他们生活得非常幸福。

（6）_____你喜欢，那就买吧。

（四）成段表达

（1）介绍一个你看过的电视节目。

（2）介绍一个你了解的人。

四 家庭作业 Homework

（一）词语

用下列生词至少组成两个短语

(1) 创办：＿＿＿＿ ＿＿＿＿ (2) 带领：＿＿＿＿ ＿＿＿＿

(3) 检验：＿＿＿＿ ＿＿＿＿ (4) 降低：＿＿＿＿ ＿＿＿＿

(5) 奖励：＿＿＿＿ ＿＿＿＿ (6) 保持：＿＿＿＿ ＿＿＿＿

(7) 注重：＿＿＿＿ ＿＿＿＿ (8) 竞争：＿＿＿＿ ＿＿＿＿

(9) 扣：＿＿＿＿ ＿＿＿＿ (10) 利润：＿＿＿＿ ＿＿＿＿

(11) 振兴：＿＿＿＿ ＿＿＿＿ (12) 激烈：＿＿＿＿ ＿＿＿＿

（二）阅读

蒋明的故事

蒋明本来是东方食品公司的秘书，他年轻有为，聪明能干，帮助老板解决了不少难题，最近被提升为公司经理。

东方食品公司是一家老企业，最拿手的产品是蛋糕，生意一直不错。后来，附近成立了一家天成食品公司，也生产蛋糕。由于这家公司设备新，成本低，所以竞争占（zhàn, to hold）优势。东方食品公司生产的蛋糕销售得越来越少，公司效益也越来越差。正在这时，蒋明大学毕业来到东方食品公司当秘书。他向老板建议："现在的家长越来越重视孩子的成长（chéngzhǎng, to grow up）和需求，我们应该开发儿童食品，生产孩子们喜欢吃的东西。与此同时，我们也要引进外国先进设备，降低成本。"老板采纳（cǎinà, to accept）了他的建议，公司的业务重点转向儿童食品。结果，生产继续发展，利润不断提高。

还有一次，他们公司参加一个规模很大的食品展览会，不巧被安排在楼上一个很偏僻（piānpì, out-of-the-way）的地方。参加展览会的人大多不喜欢上楼，所以第一天东方食品公司的展台前冷冷清清，几乎没有人买他们的食品。为此，老板非常着急，但一时也想不出好办法。这时，蒋明对老板说："我有一个主意，您看看可不可以。"

第二天，展览会门口出现一个可爱的熊猫玩偶，热情地向顾客分发宣传单。单子上写着："凭此单，可到楼上东方食品公司展台前免费领取一件纪念品。"这样一来，到楼上的人越来越多，东方食品公司展台前挤满了人，他们公司的食品大量销售，甚至供不应求。这种状况一直保持到展览会结束。参加这次展览会，东方食品公司不但一下子赚了几十万，而且大大提高了知名度，收到了意想不到的效果。

1. 根据上下文解释下列词语的意思

   （1）难题——

   （2）家长——

   （3）需求——

   （4）展览会——

   （5）冷冷清清——

   （6）为此——

   （7）宣传单——

   （8）领取——

   （9）意想不到——

2. 判别正误

   （1）蒋明本来是天成食品公司的秘书，因为他年轻有为，聪明能干，所以被提升为公司经理。（　　）

   （2）东方食品公司是一家新企业，因为设备新，成本低，所以在市场竞争中占优势。（　　）

   （3）蒋明之所以向老板建议开发儿童食品，是因为父母们越来越重视孩子们的需求。（　　）

   （4）有一次他们参加一个规模很大的食品展览会，被安排在一个不太好的地方。（　　）

   （5）利用玩偶发宣传单是为了把参加展览会的人吸引到东方食品公司的展台前。（　　）

(6) 东方食品公司在展览会上一下子赚了几十万，是因为他们公司的知名度很高。（　）

3. 回答问题

(1) 蒋明来到东方食品公司的时候，公司遇到了什么困难？

(2) 蒋明给老板提了一个什么建议？结果怎么样？

(3) 蒋明用玩偶发宣传单的办法吸引参加展览会的人，是利用人们什么样的心理（xīnlǐ，psychology）？

(4) 蒋明的办法产生了什么效果？

（三）写作

请介绍你们班的一位老师或同学。

五 语法 Grammar

因果复句　Cause-effect complex sentence

分句之间具有因果关系的复句，称为因果复句。这种复句可分为两小类：

In this kind of complex sentence, the relation between the clauses is one of cause and effect. This kind of complex sentence can be divided into two types:

第一类，说明性因果。常用的关联词语有"因为（/由于）……，所以（/才/就）……""由于……，因此……""……之所以……，是因为……"等。例如：

Type A, in which the cause and effect are stated and explained. This type of sentence usually uses the pairs of correlative words "因为（/由于）……，所以（/才/就）……""由于……，因此……""……之所以……，是因为……" etc. For example:

(1) 因为他想当商人，所以最喜欢看九点半的《经济半小时》节目。

(2) 由于这家公司设备新，成本低，所以竞争占优势。

（3）杨总之所以能够在激烈的市场竞争中立于不败之地，主要是因为他们公司狠抓产品质量，注重企业信誉。

（4）东方食品公司之所以效益越来越差，是因为设备旧，成本高，在市场竞争中不占优势。

第二类，推论性因果。常用的关联词语有"可见""既然……就（/便）……"等。可以据因推果，也可以据果推因。例如：

Type B, in which the cause or effect is made clear by inference. Correlative words used in this type include "可见" "既然……就（/便）……" etc. In this type of sentence, effect can be inferred from cause and vice versa. For example:

（5）我说英语，他不懂什么意思，可见，他没怎么学过英语。

（6）他两个月没给家里打过电话了，可见，他学习很紧张。

（7）既然我们是好朋友，就应该互相帮助。

（8）他既然出院了，身体便没多大问题了。

第四课 远亲不如近邻
Dì-sì kè

一 课文 Text

刘教授家卫生间的下水道堵了，妻子让他赶快给物业公司打电话，让他们派人来修。刘教授拿起话筒拨了物业公司的电话，嘟、嘟、嘟……占线！过了一会儿重拨，仍然占线。刘教授摇了摇头，挂上电话，他对妻子说："现在正是他们最忙的时候，过一会儿再打吧。"妻子说："不行，接着打，过一会儿脏水就流出来了。"

刘教授只好再重拨一次，通了。"您好！"物业公司的一位小姐接的电话。刘教授把下水道堵了的事儿说了一遍，请他们赶快派人来修理。"噢，是得赶快派人去修。不过，现在工人都派出去了。只要工人回来，我们马上就派他去。对了，您别着急，我在业主微信群里发一条消息，看有没有人能帮助您。"

刘教授放下电话，下水道里的脏水已经流出来了，越来越多，也不知道工人什么时候能来。老两口儿开始吃力地收拾脏乱的地板。妻子一边收拾一边说："老刘，年轻的时候咱们支持儿子支援边疆建设，老了孩子不在身边，你现在后悔吗？"刘教授说："不后悔。儿子喜欢那儿，他在乌鲁木齐已经有了自己的事业。只要他喜欢，我们就应该支持。"妻子说："不管怎么说，他离咱们太远了，只有逢年过节才能见一面。现在咱俩年纪大了，身体一天不如一天，身边连个能帮忙的人也没有，下水道堵了都成了大问题。"

正在这时，有人敲门，是住在同一个小区的李师傅。李师傅是个退休的老工人，只见他手里拿着工具，对老两口儿说："听说你们家的下水道堵了，我来帮你们修理一下。"李师傅技术很好，三下两下就把下水道修好了。刘教授很奇怪："您怎么知道我们家的下水道堵了？""物业公司在咱们小区的业主微信群里发了一条消息，说有个业主家里的下水道堵了，可他们现在人手不够，问有没有人会修下水道，能不能去帮个忙，免得业主着急。我想，谁家没有个难事儿呢？俗话说，'远亲不如近邻'。所以我就跟他们联系了一下，知道是你们家，我就来了。"

生词 New words

1. 远亲	（名）	yuǎnqīn	distant relative, remote kinsfolk
2. 近邻	（名）	jìnlín	near neighbor
3. 卫生间	（名）	wèishēngjiān	toilet
4. 下水道	（名）	xiàshuǐdào	sewer
5. 堵	（动）	dǔ	to block up, to stop up
6. 物业	（名）	wùyè	real estate, property
7. 拨	（动）	bō	to dial
8. 嘟	（拟声）	dū	(an onomatopoeia) beep
9. 占线	（动）	zhànxiàn	the line (of a telephone) is busy (or engaged)
占	（动）	zhàn	to occupy
10. 重	（副）	chóng	again, once more
11. 仍然	（副）	réngrán	still, yet
仍	（副）	réng	still, yet
12. 挂	（动）	guà	to ring off
13. 噢	（叹）	ō	(an interjection) it's usually used to express realization
14. 对了	（动）	duìle	to express sudden thinking of sth.
15. 业主	（名）	yèzhǔ	owner (of an enterprise or estate)
16. 群	（名）	qún	groups that can communicate instantly on Wechat or QQ
17. 老两口儿	（名）	lǎoliǎngkǒur	old couple
18. 地板	（名）	dìbǎn	floor board
19. 身边	（名）	shēnbiān	at one's side
20. 逢年过节		féngnián-guòjié	on New Year's Day or other festivals
逢	（动）	féng	to meet, to come upon

21. 小区	（名）	xiǎoqū	housing estate
22. 工具	（名）	gōngjù	tool
23. 三下两下		sān xià liǎng xià	quickly
24. 人手	（名）	rénshǒu	manpower, hand
25. 远亲不如近邻		yuǎnqīn bùrú jìnlín	a distant relative is not as good as a near neighbor

补充词汇　Supplementary words

1. 刑警	（名）	xíngjǐng	criminal police
2. 盗窃	（动）	dàoqiè	to steal
3. 作案	（动）	zuò'àn	to commit a crime or an offense
案		àn	law case, case
4. 凌晨	（名）	língchén	before dawn
5. 劝告	（名）	quàngào	advice
6. 节俭	（形）	jiéjiǎn	thrifty, frugal
7. 改行	（动）	gǎiháng	to change one's profession (or occupation, trade)
8. 翻	（动）	fān	to turn over, to search
9. 抄	（动）	chāo	to copy, to plagiarize
10. 圈	（名）	quān	circle, ring
11. 扮演	（动）	bànyǎn	to act, to play the part of
12. 显然	（形）	xiǎnrán	clear, obvious, evident
13. 线索	（名）	xiànsuǒ	clue
14. 目标	（名）	mùbiāo	target, goal, aim, objective
15. 撬	（动）	qiào	to prize, to pry
16. 光荣	（形）	guāngróng	honored, glorious
17. 解说	（动）	jiěshuō	to explain orally, to comment
18. 包围	（动）	bāowéi	to surround
19. 对应	（动）	duìyìng	to be corresponding, to be homologous
20. 上级	（名）	shàngjí	higher level, higher authorities
21. 避免	（动）	bìmiǎn	to avoid, to prevent
22. 资格	（名）	zīgé	qualification, seniority
23. 反倒	（副）	fǎndào	on the contrary, instead
24. 指纹	（名）	zhǐwén	fingerprint

| 25. 押 | （动） | yā | to escort, to detain |
| 26. 立功 | （动） | lìgōng | to render meritorious service, to do a deed of merit, to win honor |

专名 **Proper nouns**

1. 乌鲁木齐	Wūlǔmùqí	Urumqi (capital of the Xinjiang Uygur Autonomous Region)
2. 张扬	Zhāng Yáng	name of a person
3. 张大年	Zhāng Dànián	name of a person
4. 沃尔玛	Wò'ěrmǎ	Wal-Mart

三 课堂练习 Exercises

（一）语音

1. 辨音辨调

yuǎnqīn 远亲	wùyè 物业	gōngjù 工具
yǎnjing 眼睛	wúyè 无业	gēnjù 根据
xíngjǐng 刑警	dàoqiè 盗窃	zuò'àn 作案
qíngjǐng 情景	dǎnqiè 胆怯	cuò'àn 错案

2. 朗读古诗

题都城南庄

[唐]崔护

去年今日此门中，人面桃花相映红。
人面不知何处去，桃花依旧笑春风。

（二）词语

从本课生词表中选择合适的词语填空

(1) 老张的儿子想当一名_____。

(2) 方老师写文章一直写到_____三点。

(3) 史朋不听别人_____，酒后开车，结果出了车祸。

(4) 老杨生活非常_____，从来不乱花钱。

(5) 小王原来是教师，后来_____当了演员。

(6) 电话_____通了吧?

(7) 他从抽屉里_____出两本旧杂志。

(8) 下午听报告，你帮我_____个座位，我可能晚去一会儿。

(9) 电话怎么老是_____?

(10) 弟弟不爱动脑子，他总是_____别人的作业。

(11) 我每天早上在操场跑五_____。

(12) 那个演员_____一位老大爷，这位老大爷只有一个儿子。

(13) 这条路每天都_____车，咱们走那条路吧。

(14) 天色这么暗（àn, dark），_____要下雨了。

(15) 警察发现了那个小偷儿作案的_____。

(16) 学好汉语是我们共同的_____。

(17) 我奶奶70多岁了，_____每天买菜、做饭、洗衣服，做很多家务。

(18) 是谁把他的门_____开了?

(19) 教师是既_____又神圣的职业。

(20) 经过调查，公安人员掌握了那个罪犯的_____经过。

(21) 这位解说员_____得十分清楚。

(22) 我没说过这样的话，_____是你听错了。

(23) 警察_____了那个超市。

(24) 商品的价格跟质量相_____。

(25) 在学校里，校长是院长的_____。

(三) 句型

    1. 完成句子

        (1) 你病得不厉害，只要吃点儿药，打几针，_____。

        (2) 汉语不太难，只要努力，_____。

        (3) 小林是个球迷，只要有比赛，_____。

        (4) 他只要敢改正错误，_____。

        (5) 只要有决心，_____。

        (6) 只要你们愿意帮助他，_____。

        (7) 只有学会推销自己，掌握求职艺术，_____。

        (8) 做生意只有讲信誉，_____。

        (9) 只有珍爱地球，保护环境，_____。

        (10) 只有发展教育，_____。

        (11) 只有经过仔细调查，_____。

    2. 用"不管"改写句子

        (1) 凡是有困难的人，我都愿意帮助。

        (2) 每个人都必须遵守纪律。

        (3) 做任何事情都应该认真。

        (4) 他一年四季都用凉水洗澡。

        (5) 你来或者不来都给我打个电话。

        (6) 他每天很忙，可是都会抽时间去操场锻炼。

        (7) 天气好不好没关系，我都要去看那个展览。

        (8) 花多少钱没关系，我已经决定去云南旅行了。

(四) 成段表达

    请在教师的指导下把课文《远亲不如近邻》改成四人之间的对话，这四个人分别是刘教授、刘教授的妻子、物业公司的小姐和李师傅，然后四人一组练习并表演。

四 家庭作业 Homework

（一）词语

1. 用下列生词至少组成两个短语

    (1) 翻：＿＿＿＿＿＿ ＿＿＿＿＿＿ (2) 拨：＿＿＿＿＿＿ ＿＿＿＿＿＿

    (3) 占：＿＿＿＿＿＿ ＿＿＿＿＿＿ (4) 抄：＿＿＿＿＿＿ ＿＿＿＿＿＿

    (5) 重：＿＿＿＿＿＿ ＿＿＿＿＿＿ (6) 堵：＿＿＿＿＿＿ ＿＿＿＿＿＿

    (7) 扮演：＿＿＿＿＿＿ ＿＿＿＿＿＿ (8) 避免：＿＿＿＿＿＿ ＿＿＿＿＿＿

    (9) 劝告：＿＿＿＿＿＿ ＿＿＿＿＿＿ (10) 线索：＿＿＿＿＿＿ ＿＿＿＿＿＿

    (11) 资格：＿＿＿＿＿＿ ＿＿＿＿＿＿ (12) 仍然：＿＿＿＿＿＿ ＿＿＿＿＿＿

2. 用下列词语填空

    翻遍　　　翻到　　　翻出　　　翻回　　　搞好

    搞错　　　搞懂　　　搞对象　　搞……展览

    避免……麻烦　　　避免……错误　　　避免……危险

    反倒冷了　　　　反倒哭了　　　　反倒没考好

    (1) 请大家打开书，＿＿＿＿＿＿第89页。

    (2) 请大家＿＿＿＿＿＿第82页。

    (3) 我把整个屋子都＿＿＿＿＿＿了，也没找到那支笔。

    (4) 他从箱子里＿＿＿＿＿＿两双袜子。

    (5) 我们下星期要＿＿＿＿＿＿一个美术＿＿＿＿＿＿。

    (6) 今天的语法很难，你＿＿＿＿＿＿了吗？

    (7) 你把那些数字＿＿＿＿＿＿了。

    (8) 学生要把学习＿＿＿＿＿＿。

    (9) 小徐天天很晚才回来，她是不是在＿＿＿＿＿＿？

    (10) 写完作业要检查几遍，＿＿＿＿＿＿出现＿＿＿＿＿＿。

    (11) 开车要遵守交通规则，＿＿＿＿＿＿发生＿＿＿＿＿＿。

    (12) 为了＿＿＿＿＿＿不必要的＿＿＿＿＿＿，你应该提前向人家说清楚。

(13) 这次汉语考试，我们班水平最好的同学＿＿＿＿＿＿。

(14) 现在已经是春天了，天气＿＿＿＿＿＿。

(15) 小马考试得了第一名，大家都高兴地祝贺他。不知道为什么，他＿＿＿＿＿＿。

（二）阅读

刑警队长的故事

张扬是某市公安局的刑警队长，再过一个月他就要退休了。就在这个时候，他所在的城市发生了三起重大的盗窃案。三个星期内，有三家超市连续被盗，作案的手法相同，显然是同一个人所为。这是第四个星期了，他还是一点儿线索也没有。

这天晚上，张扬坐在客厅的沙发上看材料。忽然，一行小字引起了他的注意——"在三个超市的门口都发现了'大前门'牌香烟"。他知道，这个牌子的香烟在市场上已经很少见了，可是他的儿子张大年只抽这个牌子的。这个案子会不会跟自己的儿子有关系？

张大年是一名交通警察，最近想改行当刑警，可是张扬觉得他性格太活泼，不够稳重，不适合当刑警，说什么也不同意。为此，父子俩产生了不小的矛盾。最近儿子准备举行婚礼，需要一大笔钱。可是他没跟自己要钱，难道……

想到这里，张扬马上拿起了儿子平时喝水的杯子，回到公安局做指纹鉴定。不一会儿，鉴定结果出来了："杯子上的指纹跟超市门口香烟上的指纹完全一致。"为了找到更有力的证据，张扬又回到家，进了儿子的房间。他在儿子的抽屉里发现一张本市的地图，地图上有几个红色的小圆圈儿（yuánquānr, circle），用一条蓝线连接起来。他数了数，蓝线上一共有三个圆圈儿，跟被盗的三个超市相对应。这时，他又看见地图上还有第四个圆圈儿——沃尔玛超市。这是本市最大的超市，也就是说，沃尔玛超市是下一个被盗的目标。

张扬立刻向上级报告，并派警察去沃尔玛超市。张扬来到沃尔玛时，警察已经把超市包围了。他们发现，超市的后门被撬开了，盗窃犯一定还在里面。张扬第一个冲进超市，大声喊道："警察！别动！举起手来！否则我开枪（qiāng，gun）了！"

"别开枪，爸爸！是我！我抓住他了！"只见张大年押着一个中年男人从里面走了出来。

第二天，局长把张扬叫到办公室，说："老张，你以前总说你儿子没有资格当刑警，现在你瞧，他立了一个大功。下星期你就要光荣退休了，我们也正需要大年这样有能力的年轻人呢！你就同意大年改行当刑警吧！"

1. 根据上下文解释下列词语的意思

 （1）三起——

 （2）连续被盗——

 （3）手法——

 （4）是同一个人所为——

 （5）说什么也不同意——

 （6）有力的证据——

 （7）跟被盗的三个超市相对应——

 （8）盗窃犯——

 （9）否则——

 （10）光荣退休——

2. 回答问题

 （1）你觉得张扬是个什么样的人？

 （2）你觉得张大年是个什么样的人？

（三）写作

把课文《远亲不如近邻》改成对话（四人一组的练习）并写下来。

五 语法 Grammar

条件复句　Conditional complex sentence

分句之间具有条件和结果关系的复句，称为条件复句。这种复句可分为两小类：

The complex sentence in which there is a relation of condition and result between the clauses is called a conditional complex sentence. This kind of complex sentence can be divided into two types:

第一类，特定条件句。常用的关联词语有"只要……就（/便）……""只有（/必须/除非）……才……"等。"只要"表示充分性条件，强调对条件的积极提供；"只有（/必须/除非）"表示必要性条件，强调对条件的消极限制。当说话人预设的结果易于实现时，我们可以用"只要……就（/便）……"格式；当说话人预设的结果难于实现时，我们可以用"只有（/必须/除非）……才……"格式。例如：

Type A, the condition in the complex sentence is definite. The correlative words often used in such complex sentences include "只要……就（/便）……""只有（/必须/除非）……才……" and so on. "只要" indicates sufficiency of a condition, and lays stress on encouragement of providing the condition actively. "只有（/必须/除非）" indicates indispensability of a condition, and lays stress on demand for providing the condition. When the consequence the speaker expects is liable to come true, the construction "只要……就（/便）……" is used. When the consequence the speaker expects is difficult to come true, the construction "只有（/必须/除非）……才……" is used. For example:

（1）只要工人回来，我们马上就派他去。

（2）只要他喜欢，我们就应该支持。

（3）只有逢年过节才能见一面。

第二类，无条件句。常用的关联词语有"不管（/无论）……都（/总）……"等。这种句式强调在任何条件下，结果都相同。"不管（/无论）"

后边可出现"谁（/多/什么/哪儿/怎么）"等任指性疑问代词，也可出现"……还是（/或者）……"格式。例如：

Type B, the consequence will not change no matter under what conditions. The correlative words often used in such complex sentences include "不管（/无论）……都（/总）……". Such a construction emphasizes the consequence would be the same no matter under what conditions. An indefinite interrogative pronoun such as "谁" "多" "什么" "哪儿" "怎么" or the construction "……还是（/或者）……" may be used after "不管" or "无论". For example:

（4）我们班不管是谁，学习都很努力。

（5）不管多长时间，我都等着他。

（6）无论你说什么，我都不会改变主意。

（7）不管你去哪儿，我都要跟着你。

（8）不管怎么说，他离咱们太远了。

（9）不管明天下雨还是不下雨，我都要去爬山。

Dì-wǔ kè 第五课　测试

一　课文　Text

有一位退休的老教师名叫吕成。因为老伴儿去世早,他又当爹又当妈,辛辛苦苦把三个儿子抚养大。如今,孩子们都大学毕业参加了工作。老大前几年结了婚,已经有了一个三岁的小孩儿;老二去年也结婚成了家;今年,老人又为三儿子办了喜事。看着三个儿子都有了幸福的家庭,老人的心里别提多高兴了。

孩子们的事儿办完了,自己今后怎样生活呢?老人想:"独自过吗?不好。一来自己年纪大了,腿脚不灵便,需要人照顾;二来一个人生活也太寂寞了。如果能到儿子家去住就最好了,这样可以帮他们做点儿力所能及的家务活儿,买买菜、做做饭、收拾收拾屋子什么的,好让儿子、儿媳妇儿安心工作,同时自己也能得到照顾。可是,到哪个儿子家去住呢?现在我每个月有7000多块钱的退休金,他们肯定都愿意养我。要是我没有钱,他们会怎么样呢?"老人决定对儿子和儿媳妇儿进行一次测试。

一天,老人来到大儿子家,非常抱歉地对大儿子、大儿媳妇儿说:"我前几天遇到电信诈骗,一不小心就上当了,这些年的退休金都被骗走了,我想

在你们每家住10天。"大儿子、大儿媳妇儿听了很震惊,立刻围上来关心道:"爸,您别难过。这事儿不怪您,即使是我们年轻人有时候也会上当。我先带您去报警。"老人连忙制止大儿子,说清了事情的真相。

第二天,老人去了二儿子家,把被诈骗的事儿和想在他家住10天的话又说了一遍。当着老人的面,二儿子和二儿媳妇儿安慰了老人一番,但是背地里二儿媳妇儿对二儿子说:"爸哪怕没遇到这样的事儿,平时也一向节俭。现在被骗了退休金,心里肯定很难过。这几天你多关注一下爸的心情,别让爸白养你。"正巧,这些话都被在厨房洗碗的老人听见了。老人既欣喜又愧疚,只好把事情的真相告诉了他们。

第三天,老人来到三儿子家。听说老人被骗了钱,三儿子和三儿媳妇儿不断开解道:"您千万别着急。钱是小事儿,身体要紧。您每个月就是不给我们钱,我们也该养着您。"三儿媳妇儿还用手机给老人转了2000块钱,让老人零花用。看着到账的钱,听着三儿子、三儿媳妇儿的话,老人感动极了。

测试的结果不言而喻,三个儿子都及格了。可是,新的问题又来了:老人到底应该跟哪个儿子一起生活呢?

二 生词 New words

1. 测试	（动）	cèshì	to test
2. 老伴儿	（名）	lǎobànr	husband or wife (a colloquial expression usually used when the couple is getting old)
3. 爹	（名）	diē	father
4. 抚养	（动）	fǔyǎng	to raise, to bring up
5. 成家	（动）	chéngjiā	to get married
6. 喜事	（名）	xǐshì	wedding
7. 别提	（动）	biétí	to do not mention, indescribably
8. 今后	（名）	jīnhòu	from now on
9. 独自	（副）	dúzì	alone, by oneself
10. 一来……二来……		yī lái… èr lái…	firstly…secondly…
11. 灵便	（形）	língbian	nimble, agile
12. 力所能及		lìsuǒnéngjí	in one's power
所	（助）	suǒ	(a particle word)
13. 什么的	（助）	shénmede	and so on, and so forth, and the like, and others
14. 儿媳妇儿	（名）	érxífur	daughter-in-law
15. 安心	（形）	ānxīn	contented, at ease
16. 退休金	（名）	tuìxiūjīn	retirement pay
17. 电信	（名）	diànxìn	telecommunication
18. 诈骗	（动）	zhàpiàn	to defraud, to cheat, to swindle
19. 上当	（动）	shàngdàng	to be taken in, to be fooled
20. 震惊	（形）	zhènjīng	astounded, astonished
21. 怪	（动）	guài	to blame, to rebuke
22. 即使……也……		jíshǐ…yě…	even if
23. 报警	（动）	bàojǐng	to report (an incident) to the police
24. 制止	（动）	zhìzhǐ	to stop, to prevent
25. 真相	（名）	zhēnxiàng	truth, fact
26. 当面	（副）	dāngmiàn	in sb.'s presence, face to face
27. 番	（量）	fān	time, a turn

28. 背地里	（名）	bèidìli	behind sb.'s back
29. 一向	（副）	yíxiàng	all along, consistently
30. 白	（副）	bái	in vain, for nothing
31. 欣喜	（形）	xīnxǐ	glad, joyful, happy, delighted
32. 愧疚	（形）	kuìjiù	ashamed, uneasy, guilty
33. 开解	（动）	kāijiě	to straighten one out and ease out his anxiety
34. 就是……也……		jiùshì…yě…	even if, even
35. 转	（动）	zhuǎn	to transfer (accounts)
36. 零花	（动、名）	línghuā	to spend money on minor purchases; incidental expenses
37. 到账	（动）	dàozhàng	to transfer into one's account
38. 不言而喻		bùyán'éryù	it is self-evident

补充词汇 Supplementary words

1. 封建	（名、形）	fēngjiàn	feudalism; feudal
2. 神秘	（形）	shénmì	mystical, mysterious
3. 减轻	（动）	jiǎnqīng	to lighten, to ease
4. 搭	（动）	dā	to build, to put over, to put up
5. 保密	（动）	bǎomì	to keep sth. secret
6. 老年	（名）	lǎonián	old age
7. 尊重	（动）	zūnzhòng	to respect
8. 牵	（动）	qiān	to act as go-between, to pull, to lead along
9. 负担	（动、名）	fùdān	to shoulder, to bear; burden
10. 比例	（名）	bǐlì	proportion, ratio
11. 初期	（名）	chūqī	early days, initial stage
12. 重重	（形）	chóngchóng	numerous, full
13. 障碍	（名）	zhàng'ài	obstacle, barrier
14. 灾	（名）	zāi	disaster, calamity, personal misfortune
15. 现象	（名）	xiànxiàng	appearance (of things), phenomenon
16. 祸	（名）	huò	disaster, misfortune
17. 地位	（名）	dìwèi	position, status
18. 含	（动）	hán	to contain, to include
19. 采取	（动）	cǎiqǔ	to adopt, to take

20. 弥补	（动）	míbǔ	to remedy, to make up
21. 登记	（动）	dēngjì	to register, to check in
22. 身心	（名）	shēnxīn	mind and body
23. 作者	（名）	zuòzhě	writer, author

专名　Proper nouns

吕成	Lǚ Chéng	name of a person

三　课堂练习 Exercises

（一）语音

1. 辨音辨调

| fūyǎn | 敷衍 | ānxīn | 安心 | diànxìn | 电信 |
| fǔyǎng | 抚养 | gānxīn | 甘心 | diǎnxin | 点心 |

| fēndiàn | 分店 | shénlì | 神力 | jiǎnqīng | 减轻 |
| fēngjiàn | 封建 | shénmì | 神秘 | jiǎngqīng | 讲清 |

2. 朗读绕口令

白石搭白塔，白塔白石搭。
搭好白石塔，石塔白又大。

（二）词语

从本课生词表中选择合适的词语填空

（1）王大爷今年刚失去_____。

（2）开学的时候，老师_____了我们的汉语水平。

（3）为了让他_____学习，妈妈没把父亲生病的消息告诉他。

（4）他的_____妈很早就去世了，是他把弟弟妹妹_____大的。

(5) 学习语言不能靠_____看书，要多跟别人练习说话。

(6) 年纪大的人腿脚不太_____，走路的时候要小心，只能做一些_____的事儿。

(7) 现在很多老人退休后都有_____。

(8) 这一年的辛苦没有_____费，我的汉语水平提高得很快。

(9) 你有什么想法请_____说，不要在_____议论。

(10) 我去宿舍找彼得，不巧他去旅游了，我_____去了一趟。

(11) 这件事儿一定要_____，不能告诉任何人。

(12) 在我们国家，_____人受到社会的_____。

(13) 我上个月的_____钱还没用完，这个月可以多去几次书店。

(14) 老吕是我们单位热心的"红娘"，他经常为别人_____线_____桥。

(15) 小陈_____以后，又买菜又做饭，_____比以前重多了。

(16) 我们学校男女学生的_____是4∶6。

(17) 学习汉语的_____，我的发音不好，声调常出问题，汉字也常常写错，那时候真是困难_____。

(18) 当前，我们两国的关系很好，不存在任何_____。

(19) 今年南方很多省发生了水_____，全国人民都在支援_____区。

(20) 上课的时候同学们积极发言是一种好_____。

(21) 人的一生中不可避免地会遇到天_____人_____。

(22) 在_____社会里，人和人不平等，有钱的人一般_____高，穷人_____很低。

(23) 他说的话_____有责怪领导的意思。

(24) 政府_____控制（kòngzhì, to control）物价的办法_____人民的负担，提高人民的生活水平。

(25) 他装作很_____的样子，好让别人注意到他。

(26) 你采取什么办法_____自己的过错？

(27) 报名参加书法学习班的同学在这儿_____。

(28) 警察连忙_____了老人的转账行为,提醒他小心_____。

(29) 他们这次去西安,_____参观兵马俑,_____看望一个老朋友。

(30) 你们已经毕业了,_____有什么打算?

(三) 句型

1. 用"就是……也/都……"完成句子

   (1) 你不要怕说错,就是说错了,_____。

   (2) 你放心吧,就是遇到困难,_____。

   (3) 你去不去没关系,就是你不去,_____。

   (4) 现在太晚了,就是打的去_____。

   (5) 这次考试太难了,就是老师_____。

   (6) 这个问题很简单,就是三岁的孩子_____。

2. 用"哪怕……也/都……"完成句子

   (1) 我很需要那本词典,哪怕_____,我也要买到。

   (2) 我跟他们约好了,哪怕_____,我也得去。

   (3) 明天开鉴定会,哪怕_____,我也要把试验做成功。

   (4) 明天考试,哪怕_____,我也要复习完。

   (5) 为了孩子的将来,哪怕_____,我也要让他们上大学。

   (6) 为了学习汉语,哪怕_____,我也要到中国来。

3. 用"即使……也/都……"完成句子

   (1) 内蒙古真是一个好地方,_____,我也要再去旅行一次。

   (2) 李山的哥哥去世后邻居开始劝他嫂子改嫁,_____,嫂子都坚持要带着李山出嫁。

(3) 金汉成以后想在中国经商，_____，他也坚持每天晚上看与经济有关的节目。

(4) 杨保中是一个非常注重企业信誉的农民企业家，_____，他也能立于不败之地。

(5) 为了维护（wéihù, to maintain）公司信誉，_____，我们也不能将产品卖给外国客商。

(6) 史朋是一个年轻有为、聪明能干、心眼儿很好的小伙子，_____，何美云也会一直等着他。

（四）功能会话：听后模仿

1. 自责

(1) A：这次考试没有考好，都怪我太粗心。

B：我也是。

(2) A：这次事故，全是我的过错。

B：这也不能全怪你。

2. 安慰

(1) A：我的自行车丢了！

B：丢就丢了吧，旧的不去，新的不来，明天再买辆新的吧。

(2) A：我的手表不见了！

B：别着急，是不是放哪儿了？

(3) A：我遇到电信诈骗，这些年的退休金都被骗走了。

B：您千万别着急，别难过。钱是小事儿，身体要紧。

(4) A：我这次考试没及格。

B：别难过，一次考试成绩不好没关系，争取下次考好。

3. 无所谓

(1) A：马已经丢了，您可别着急。

B：丢了就丢了吧。马丢了，也不一定是坏事儿。

（2）A：儿子摔断了腿，您可别着急。

　　　B：摔断了就摔断了吧。腿摔断了，也不一定是坏事儿。

（3）A：你的马回来了，向你表示祝贺。

　　　B：这有什么可祝贺的，这不一定是好事儿。

（4）A：你的自行车找回来了，很高兴吧？

　　　B：这有什么可高兴的，浪费了那么多时间。

4. 随便

（1）A：你吃什么？

　　　B：你吃什么我吃什么。

（2）A：你听什么？

　　　B：你听什么我听什么。

（3）A：你去还是他去？

　　　B：谁去都行。

（4）A：邀请老刘还是老周？

　　　B：邀请谁都行。

（5）A：去故宫还是去长城？

　　　B：去哪儿都行。

（6）A：坐公共汽车还是坐出租车？

　　　B：坐什么都行。

5. 质问

（1）A：既然食品不合格，为什么不能退？

　　　B：对不起，这是本店的规定。

（2）A：既然你知道，为什么不早点儿告诉我？

　　　B：我忘了。

6. 强调

(1) A：你不是学过汉语吗？

B：都忘了，现在连简单的句子也听不懂了。

(2) A：这件事儿他不会不知道。

B：你们没告诉他，他怎么会知道？

(3) A：彼得在你们学校不是很有名吗？

B：是啊，没有人不认识他。

(4) A：你家远吗？

B：不远，就在前边。

(5) A：这里的冬天是不是很冷？

B：这里的冬天是很冷。

(6) A：这茶味道怎么样？

B：不错，的确很好喝。

(7) A：你别去了。

B：不，我非去不可。

(8) A：你常看外国电影吧？

B：外国电影我一部也没看过。

(9) A：星期天你去哪儿？

B：我哪儿也不去。

(10) A：你看过什么京剧？

B：我什么京剧都没看过。

(11) A：这是个秘密，谁都不能告诉。

B：好吧。

(12) A：这些学生学习努力吗？

B：个个都非常努力。

(13) A：我怎么也不明白，不就是换个房间吗？有什么值得研究的？

B：这里的"研究"是考虑、商量和讨论的意思。

（五）成段表达

请以吕成为第一人称复述课文《测试》。

四 家庭作业 Homework

（一）词语

用下列生词至少组成两个短语

(1) 抚养：_____ _____ (2) 障碍：_____ _____

(3) 登记：_____ _____ (4) 弥补：_____ _____

(5) 减轻：_____ _____ (6) 尊重：_____ _____

(7) 采取：_____ _____ (8) 负担：_____ _____

(9) 安心：_____ _____ (10) 神秘：_____ _____

(11) 地位：_____ _____ (12) 现象：_____ _____

（二）阅读

老年人再婚

最近几年，老年人的再婚问题得到了人们的关心和社会的关注。但是从调查的结果看，老年人再婚还存在不少障碍，特别是女性，障碍就更大了。

据某个婚姻介绍所统计，前来登记的老年人中，男女性别比例是10∶1，男的多女的少，而且这些女性几乎100%要求保密，主要是对子女保密。虽说老年人再婚得到了社会的支持，可实际上困难重重，初期都是秘密进行的。这是千百年来的旧习俗、旧观念造成的。

在中国人的传统观念中，夫妻和睦（hémù, harmonious）、相伴终生是最理想的。但是，不可能人人都如愿以偿（rúyuàn-yǐcháng, to achieve what one wishes）。天灾人祸造成丧偶（sàng'ǒu, to bereft of one's spouse），感情破裂（pòliè, to break up）也会造成夫妻离异

（líyì, to divorce）。再婚，含有不幸的意义。在封建社会里，妇女的地位很低，丈夫活着的时候要听丈夫的，丈夫死了要听儿子的，女人即使饿死也不能再婚。"再婚难"主要是指妇女再婚难。

　　随着社会的进步和人们思想的解放，老年人再婚得到越来越多人的理解。有的子女支持自己的父亲或母亲再婚，甚至为他们创造条件，牵线搭桥。但是调查发现，也有一些年轻人不希望自己的父亲或母亲再婚。他们认为老人能够吃饱穿暖就行了，父母再婚是<u>丢脸</u>的事儿。所以目前中国老年人再婚，小城市比大城市难，农村就更难了。

　　其实，老年人再婚不仅是生活上的需要，也是感情上的需要。爱情不仅年轻人需要，老年人也需要，而且更需要。特别是<u>单身</u>的老年人，重新得到<u>异性</u>的爱，对他们的身心健康很有好处。老年人再婚以后，夫妻互相关心，互相照顾，可以减轻子女和社会的负担，是<u>利国利民</u>的好事儿。做儿女的应该站得高一点儿，看得远一点儿，尊重父亲或母亲的感情，对老年人再婚采取支持的态度。

1. 根据上下文解释下列词语的意思

　　（1）再婚——

　　（2）女性——

　　（3）前来——

　　（4）相伴终生——

　　（5）丢脸——

　　（6）单身——

　　（7）异性——

　　（8）利国利民——

2. 判别正误

　　（1）最近几年，老年人再婚的问题已经得到解决。　　　　　　（　）

　　（2）老年人再婚男性比女性障碍大。　　　　　　　　　　　　（　）

　　（3）老年人再婚的障碍主要来自千百年来的旧习俗和旧观念。　（　）

(4) 由于各种原因，不可能每对夫妻都白头到老，相伴终生。（ ）

(5) 再婚含有幸福的意义。（ ）

(6) 老年人再婚越来越难。（ ）

(7) 大城市的老年人再婚最难。（ ）

(8) 老年人再婚只是因为生活上需要照顾。（ ）

(9) 年轻人需要爱情，老年人也需要爱情。（ ）

(10) 老年人独自生活对身心健康没有好处。（ ）

(11) 老年人再婚是利国利民的好事儿。（ ）

(12) 作者对老年人再婚采取支持的态度。（ ）

3. 谈谈你对老年人再婚的看法。

（三）写作

"养儿防老"是中国的一个传统，意思是养育儿子是为了老了以后生活有依靠。请结合本课的学习，谈谈你对"养儿防老"的看法。

五 语法 Grammar

让步复句　Concessive complex sentence

分句之间具有让步关系的复句，称为让步复句。在让步复句中，前一分句表示姑且承认某种虚拟性条件，后一分句指出某种结果不受虚拟性条件影响。常用的格式有"就是（/哪怕/即使）……也（/都）……"等。例如：

The complex sentence in which there is a concessive relation between the clauses is called a concessive complex sentence. In such a complex sentence, the first clause indicates recognition of a certain hypothetical condition, and the second clause states that a certain result is not affected by the hypothetical condition. The constructions often used are "就是（/哪怕/即使）……也（/都）……" and so on. For example:

（1）您每个月就是不给我们钱，我们也该养着您。

（2）爸哪怕没遇到这样的事儿，平时也一向节俭。

（3）即使是我们年轻人有时候也会上当。

第六课 什么是沟通

一、课文 Text

人与人之间的关系要是缺少了沟通，就是一个人的独角戏。

沟通是心灵的桥梁，能消除误会，化解冲突。沟通更是一阵和风细雨，一杯醇香的热茶，能够赶走心中的雾霾，温暖心灵。再熟悉的人，如果不沟通了，也就没有了默契；再深厚的情，如果不沟通了，也会容易改变。

沟通，才会懂得

有一对老夫妻，在一起生活了50多年。每次吃鸡蛋的时候，丈夫就把自己最爱吃的蛋黄给妻子，自己只吃蛋白；妻子也把自己的蛋白给丈夫，自己只吃蛋黄。

临终时，丈夫对妻子说，其实他最喜欢吃的是蛋黄，他把自己最爱吃的部分都给了妻子。这时候妻子泪流满面，轻声说道："其实我最喜欢吃的是蛋白，我以为你不喜欢吃蛋黄，所以我把蛋白留给你吃。"

这对老夫妻用自己的方式爱了对方一生，但双方却从来没有真正懂得过彼此。要是他们懂得沟通，他们的日子会过得更加幸福。

沟通，才会和睦

文化名人梁启超在教育子女时虽然严格，但也很注重沟通。无论孩子们身在何处，他都写信跟他们交流思想。除了关心他们的身体健康以外，还了解他们学习和生活中遇到哪些问题，建议他们如何解决。而孩子们也是如此，大儿子梁思成在海外留学，不管遇到什么问题，都写信告诉父亲。有了父亲的书信，即使在异国他乡也不再孤独。

梁启超对孩子们的爱，藏在每一封书信里。而孩子们对父亲的爱，也充满字里行间。在孩子们心中，梁启超是一个亲切有味的父亲，一个童心未泯的老顽童。

好的沟通，会让彼此更亲近，让夫妻之间、父母与孩子之间、朋友之间的关系更紧密。无论和谁相处，有沟通，才有感情；常沟通，才能长久。

🔵 生词 New words

1. 沟通	（动）	gōutōng	to connect, to communicate
2. 独角戏	（名）	dújiǎoxì	monodrama, one-man show
3. 心灵	（名）	xīnlíng	heart, soul, spirit
4. 桥梁	（名）	qiáoliáng	bridge
5. 消除	（动）	xiāochú	to clear up, to eliminate
6. 冲突	（动）	chōngtū	to clash, to conflict
7. 和风细雨		héfēng-xìyǔ	gentle breeze and mild rain
8. 醇香	（形）	chúnxiāng	mellow
9. 雾霾	（名）	wùmái	smog
10. 熟悉	（动）	shúxi	to be familiar with
11. 默契	（名、形）	mòqì	tacit understanding; tacit
12. 懂得	（动）	dǒngde	to understand, to know
13. 蛋黄	（名）	dànhuáng	egg yolk
14. 蛋白	（名）	dànbái	egg white
15. 临终	（动）	línzhōng	to approach one's end
16. 泪流满面		lèiliú-mǎnmiàn	one's face is covered with tears
17. 轻声	（名）	qīngshēng	soft voice
18. 方式	（名）	fāngshì	way, manner, pattern
19. 彼此	（代）	bǐcǐ	each other
20. 和睦	（形）	hémù	harmonious, peaceful
21. 何处		hé chù	where
何	（代）	hé	what
22. 思想	（名）	sīxiǎng	thought, thinking, idea
23. 如此	（代）	rúcǐ	so, such, like that
24. 海外	（名）	hǎiwài	overseas
25. 异国他乡		yìguó tāxiāng	alien land, place far away from home

26. 孤独	（形）	gūdú	lonely, lonesome
27. 藏	（动）	cáng	to hide, to conceal
28. 字里行间		zìlǐ-hángjiān	among the words and between the lines
29. 童心未泯		tóngxīn wèi mǐn	still retain childlike innocence
30. 老顽童	（名）	lǎowántóng	kidult, old urchin
31. 亲近	（形）	qīnjìn	close, intimate
32. 紧密	（形）	jǐnmì	close, inseparable
33. 长久	（形）	chángjiǔ	long, permanent

补充词汇 Supplementary words

1. 乐观	（形）	lèguān	optimistic, hopeful
2. 尽情	（副）	jìnqíng	as much as one likes, to one's heart's content
3. 生命	（名）	shēngmìng	life
4. 姿势	（名）	zīshì	posture, gesture
5. 信任	（动）	xìnrèn	to trust, to believe in
6. 林荫道	（名）	línyīndào	avenue, boulevard
林荫	（名）	línyīn	shade of trees
7. 联欢会	（名）	liánhuānhuì	get-together
联欢	（动）	liánhuān	to have a get-together
8. 慈祥	（形）	cíxiáng	kindly, amiable
9. 患	（动）	huàn	to suffer from
10. 锣	（名）	luó	gong
11. 鼓	（名）	gǔ	drum
12. 扭秧歌		niǔ yāngge	to do yangko dance
扭	（动）	niǔ	to twist (one's body to dance), to roll, to swing
秧歌	（名）	yāngge	yangko, a popular rural folk dance
13. 聚集	（动）	jùjí	to gather, to assemble
14. 化妆	（动）	huàzhuāng	to make up
15. 旋律	（名）	xuánlǜ	melody
16. 做操		zuò cāo	to do exercises, to do gymnastics

17. 健美操	（名）	jiànměicāo	aerobics
健美	（形、名）	jiànměi	vigorous and graceful, strong and handsome; body-building
18. 力量	（名）	lìliang	physical strength, power, force
19. 在于	（动）	zàiyú	to lie in, to rest with, to depend on
20. 规律	（名、形）	guīlǜ	law, regular pattern; rhythmical, regular
21. 少	（名）	shào	young
22. 结识	（动）	jiéshí	to get acquainted with sb., to get to know sb.
23. 面孔	（名）	miànkǒng	face
24. 风趣	（名、形）	fēngqù	humor, wit; humorous
25. 直接	（形）	zhíjiē	direct, immediate
26. 伴奏	（动）	bànzòu	to accompany with musical instruments

专名　Proper nouns

1. 梁启超	Liáng Qǐchāo	name of a person
2. 梁思成	Liáng Sīchéng	name of a person
3. 杜	Dù	a surname

三 课堂练习 Exercises

（一）语音

1. 辨音辨调

xiāochú	消除	qīnjìn	亲近	lèguān	乐观
xiāodú	消毒	qíngjìng	情境	luòkuǎn	落款

jìnqíng	尽情	shēngmíng	声明	zīshì	姿势
jìnxíng	进行	shēngmìng	生命	zhīshi	知识

2. 朗读古诗

> 早发白帝城
>
> [唐]李白
>
> 朝辞白帝彩云间，千里江陵一日还。
>
> 两岸猿声啼不住，轻舟已过万重山。

(二) 词语

从本课生词表中选择合适的词语填空

(1) 在工作和生活中，有很多问题是由于缺少_____而产生的。

(2) 人们常说，眼睛是_____的窗户。

(3) 不同文化的人交流时，双方语言上的误会很容易发展成一场_____。

(4) 整场比赛中，这支球队打得非常_____。

(5) 经过多年的治理，这一地区现在已经很少出现_____天气。

(6) 如果_____之间没有了信任，那一切都将无法继续。

(7) 出发前，谁都没想到会遇到_____糟糕的天气。

(8) 今年春节，远在_____的丁兰只能通过手机和家人一起过年。

(9) 这位老人的儿子和女儿都在海外，他觉得很_____。

(10) 既然是秘密，那就好好_____在心里，别告诉任何人。

(11) 认真阅读这篇文章，不难发现，_____充满着作者对故乡的深情。

(12) 我的老师已年过七十，可仍然_____，经常给我们发一些可爱的表情。

(13) 夏天走在这条_____上，凉快极了。

(14) 联欢会上，同学们_____地唱歌、跳舞，高兴极了。

(15) 我的奶奶是一位_____的老人。

(16) 他的叔叔病了很多年，是个老病号，最近又_____上了一种奇怪的病。

(17) 那些老人正敲_____打_____地扭_____。

(18) 黑云_____着，马上就要下雨了。

(19) 演出以前，演员们都得_____。

(20) 那些姑娘随着动感（dònggǎn，dynamic）的_____，正在做_____操。她们的_____非常好看。

(21) 他每天都很_____，从来没有着急、生气的时候。

(22) 老师的鼓励（gǔlì，to encourage）给了我很大的_____，我一定能克服所有的困难。

(23) 这次试验能不能成功_____准备得是不是充分。

(24) 要学好汉语，我们必须掌握汉语的_____。

(25) 新年快到了，我们开个_____会吧。

(26) 那个演员很有名，男女老_____都喜欢他。

(27) _____只有一次，所以我们要珍爱它，经常锻炼身体。

(28) 来中国以后，我_____了很多新朋友。

(29) 每当想起奶奶，我总忘不了她那慈祥的_____。

(三) 句型

1. 完成句子

(1) 明天要是没雨，_____。

(2) 明天要是不下雨，_____。

(3) 明天你要是有时间，_____。

(4) 星期日你要是在学校，_____。

(5) 这本词典你要是喜欢，_____。

(6) 要是你们不同意我的意见，_____。

(7) 如果骑车不遵守交通规则，_____。

(8) 如果你想为他点一首歌，_____。

(9) 如果你想在激烈的竞争中取得胜利，_____。

(10) 你如果善于推销自己，_____。

(11) 人们如果不珍爱地球，不保护环境，_____。

(12) 一个国家如果不重视教育，_____。

(13) 假如我是校长，＿＿＿＿＿＿＿。

(14) 假如我有很多钱，＿＿＿＿＿＿＿。

(15) 假如你们相信这种方法有效，＿＿＿＿＿＿＿。

(16) 假如你去过内蒙古，＿＿＿＿＿＿＿。

(17) 假如你们不答应我的要求，＿＿＿＿＿＿＿。

(18) 假如他们不听我们的劝告，＿＿＿＿＿＿＿。

2. 完成对话

(1) A：彼得很聪明，可是平时不太努力。

　　B：他平时要是努力学习，＿＿＿＿＿＿＿。

(2) A：艾米只知道看书，不喜欢运动。

　　B：她要是喜欢运动的话，＿＿＿＿＿＿＿。

(3) A：我们还没决定去云南还是去新疆。

　　B：如果你们决定去云南的话，＿＿＿＿＿＿＿。

(4) A：小王可能没去参观展览。

　　B：如果他没去参观展览，＿＿＿＿＿＿＿。

(5) A：他们可能不同意你的看法。

　　B：如果他们不同意我的看法，＿＿＿＿＿＿＿。

(6) A：别人都说你的汉语水平提高得很快。

　　B：如果说我的汉语水平提高得比较快，＿＿＿＿＿＿＿。

(7) A：这种药吃了没有效果怎么办？

　　B：假如吃了这种药，病没有好，＿＿＿＿＿＿＿。

(8) A：他们不同意你的建议怎么办？

　　B：假如他们不同意我的建议，＿＿＿＿＿＿＿。

（四）成段表达

谈谈你对沟通的重要性的认识。

四 家庭作业 Homework

（一）词语

用下列生词至少组成两个短语

(1) 沟通：_____ _____
(2) 桥梁：_____ _____
(3) 消除：_____ _____
(4) 在于：_____ _____
(5) 藏：_____ _____
(6) 扭：_____ _____
(7) 患：_____ _____
(8) 风趣：_____ _____
(9) 孤独：_____ _____
(10) 尽情：_____ _____
(11) 慈祥：_____ _____
(12) 乐观：_____ _____
(13) 和睦：_____ _____
(14) 直接：_____ _____
(15) 乐观：_____ _____
(16) 规律：_____ _____

（二）阅读

小路

学校附近的公园里有一条林荫小路，贝拉每天早上都在这条小路上跑步。

这里聚集着很多晨练的人，他们有的散步，有的跑步，有的在旁边的树林里打太极拳，还有的随着动感的旋律做健美操。最让贝拉感到新鲜的是一群老年人。他们每天很早就来到这里，化好妆，穿着花花绿绿的民族服装扭秧歌。在锣鼓的伴奏下，他们尽情地扭来扭去，好像又回到了青年时代。

天长日久，贝拉在这条小路上结识了不少中国朋友，其中有一位姓杜的老人。这位老人满头白发，面孔慈祥，经常让贝拉想起自己的奶奶。贝拉很喜欢这位中国老人，还叫她杜奶奶。有一次，贝拉说："杜奶奶，您身体这么好，腿脚这么灵便，真不像70多岁的人。"杜奶奶笑着说："你想不到吧，10多年前我还是个老病号呢。退休以前我就患有心脏病、高血压（gāoxuèyā, hypertension）、气管炎好几种慢性病，打针吃药都<u>不管用</u>。退休以后我参加了太极拳学习班，后来又加入了老年秧歌队，每天天不亮就来这里锻炼。坚持了几年，睡觉不失眠了，吃饭香了，病也都没了。"老人还风趣地说："要想身体好，一要乐观，<u>笑一笑，十年少</u>；二要锻炼，<u>生命在于运动</u>嘛。"

贝拉看杜奶奶扭秧歌的姿势非常优美，就说："杜奶奶，我也想扭秧歌，您能教教我吗？"杜奶奶很高兴，拉着她的手说："那怎么不行？你要是真想学，我就当你的老师。"杜奶奶教得很认真，贝拉学得也很用功，很快就学会了。从此，这条小路上的秧歌队里多了一个高鼻子、蓝眼睛、黄头发的外国姑娘。他们说啊笑啊，扭啊跳啊。这真是一条通向健康和友谊的路哇！

1. 根据上下文解释下列词语的意思

    （1）晨练——

    （2）天长日久——

    （3）老病号——

    （4）慢性病——

    （5）不管用——

    （6）笑一笑，十年少——

    （7）生命在于运动——

2. 回答问题

    （1）请你说说公园里人们晨练的情况。

    （2）谈谈你对杜奶奶的印象。

    （3）为什么说这条小路"是一条通向健康和友谊的路"？

（三）写作

人与人之间需要沟通，父母和孩子之间、老师和学生之间、学生和学生之间、朋友之间沟通得好，关系就亲密；沟通得不好，关系就紧张。根据你的人生经历，讲一讲这方面的故事。

五 语法 Grammar

假设复句 Hypothetical complex sentence

分句之间具有假设关系的复句,称为假设复句。常用的格式有"要是(/如果/假如)……(的话),那(么)……就(/便)……"等。例如:

The complex sentence in which there is a hypothetical relation between the clauses is called a hypothetical complex sentence. The constructions often used are "要是(/如果/假如)……(的话),那(么)……就(/便)……" and so on. For example:

(1)A:他可能参加比赛了。

　　B:要是他真的参加比赛了,那这场比赛一定就能赢。

(2)A:他没参加比赛。

　　B:如果他参加比赛的话,那这场比赛一定就能赢。

(3)假如昨天没下雨,我就出去爬山了。

假设复句一般是根据假设条件推断某种结果,但也可以根据假设结果推断某种条件。例如:

A hypothetical complex sentence is usually used to infer a certain result based on a hypothetical condition, or to infer a certain condition based on a hypothetical result. For example:

(4)如果他没去参加比赛,那可能是因为他身体不太好。

(5)如果他没去上班,那可能是因为家里有急事儿。

Dì-qī kè 第七课 钓鱼

一 课文 Text

我从小就爱钓鱼,50多个春秋过去了,头发慢慢变白,可钓鱼的兴趣不但没有减退,反而越来越浓了。上个月我参加了本市举办的钓鱼比赛,成绩还不错,一个小时内我钓上了五条,最后得了块银牌。

昨天,我带着三个年轻人到水库去钓鱼。这三个年轻人都是新手,说要向我学习,因此在开始钓鱼之前,我把有关的要领给他们讲了一遍,还做了示范。然后,我很自信地对他们说:"今天我一定要给你们露一手,让你们看看我是怎

么钓到大鱼的!"说来也怪,一个多小时过去了,我那四根鱼竿的鱼漂一个也没动。后来又刮起了三四级的东南风,我就更着急了。心里想:这不是让我在年轻人面前出丑吗?

下午三点,忽然听说附近有

人钓到了鱼。我跑过去一看，真的，一位大哥用一根旧竹竿钓上了一条两斤左右的鲤鱼。看到这种情况，我有点儿不好意思，又觉得奇怪：人家用一般的竹竿能钓上鱼来，我用这么好的鱼竿为什么就钓不上来呢？想到这里，我立刻回去换了一个新地方，又换了新的饵料，然后坐下来耐心地等着大鱼上钩。

鱼竿放下去不到10分钟，鱼漂就动了起来。凭我多年的经验，我知道这一定是鱼在吃饵料。于是，我把鱼竿往上一提，顿时觉得好像石头一样重，紧接着鱼线被猛地向深水处拉去。我马上意识到一条大鱼上钩了，于是赶快放线，过了10多分钟才看到一条足有40厘米长的鲤鱼浮出水面。眼看这条鱼就要钓上来了，可没想到它十分狡猾，趁我不注意，突然向远处深水区窜去。当时我并没有惊慌，而是充满了信心。又经过几分钟的较量，这条约有五六斤重的大鲤鱼终于被我钓了上来。

过了一会儿，我又钓上来两条四五斤重的。这样，我一共钓到了三条大鱼。昨天的收获不小，然而最大的收获是我在三个年轻人面前没有丢面子。

二 生词 New words

1. 春秋	(名)	chūnqiū	spring and autumn, year
2. 减退	(动)	jiǎntuì	to drop, to go down, to decrease
3. 银牌	(名)	yínpái	silver medal
4. 水库	(名)	shuǐkù	reservoir
5. 新手	(名)	xīnshǒu	new hand, newcomer
6. 在……之前		zài…zhīqián	before
7. 要领	(名)	yàolǐng	main points, essentials
8. 示范	(动)	shìfàn	to set an example
9. 自信	(形)	zìxìn	self-confident
10. 露一手		lòu yìshǒu	to show off, to make an exhibition of one's abilities or skills
露	(动)	lòu/lù	to reveal, to show
11. 鱼竿	(名)	yúgān	fishing rod
竿（子）	(名)	gān(zi)	pole, rod
12. 鱼漂	(名)	yúpiāo	cork on a fishing line, float
13. 级	(量)	jí	a measure word for wind, steps and ranks
14. 出丑	(动)	chūchǒu	to make a fool of oneself
15. 竹竿	(名)	zhúgān	bamboo pole
竹（子）	(名)	zhú(zi)	bamboo
16. 左右	(名)	zuǒyòu	about, or so
17. 鲤鱼	(名)	lǐyú	carp
18. 饵料	(名)	ěrliào	bait
19. 上钩	(动)	shànggōu	to rise to the bait, to swallow the bait
钩	(名、动)	gōu	hook; to hook
20. 顿时	(副)	dùnshí	immediately
21. 鱼线	(名)	yúxiàn	fishing line
22. 意识	(动)	yìshí	to realize, to be conscious of, to be aware of
23. 足	(副)	zú	fully, as much as
24. 眼看	(副)	yǎnkàn	soon, in a moment
25. 狡猾	(形)	jiǎohuá	cunning, crafty

26. 趁	（介）	chèn	while
27. 窜	（动）	cuàn	to flee, to scurry
28. 惊慌	（形）	jīnghuāng	alarmed, scared, panic-stricken
29. 信心	（名）	xìnxīn	confidence
30. 较量	（动）	jiàoliàng	to have a contest, to have a trial of strength
31. 然而	（连）	rán'ér	but, yet, however
32. 丢面子		diū miànzi	to lose face

补充词汇　Supplementary words

1. 进攻	（动）	jìngōng	to attack, to assault
2. 防守	（动）	fángshǒu	to defend, to guard
3. 机动	（形）	jīdòng	flexible
4. 性质	（名）	xìngzhì	quality, nature, character
5. 金牌	（名）	jīnpái	gold medal
6. 铜牌	（名）	tóngpái	bronze medal
7. 冠军	（名）	guànjūn	champion, gold medalist
8. 亚军	（名）	yàjūn	second place (in a sports contest), silver medal winner
9. 敌人	（名）	dírén	enemy, foe
10. 过瘾	（形）	guòyǐn	enjoyable
11. 战士	（名）	zhànshì	soldier, fighter
12. 战斗	（动、名）	zhàndòu	to fight, to battle; battle
13. 胜	（动）	shèng	to win
14. 宣战	（动）	xuānzhàn	to declare war
15. 放松	（动）	fàngsōng	to relax, to loosen
16. 忧愁	（形）	yōuchóu	sad, depressed, worried
17. 烦恼	（形）	fánnǎo	vexed, worried
18. 广	（形）	guǎng	wide, vast, broad
19. 论	（介）	lùn	in terms of
20. 围棋	（名）	wéiqí	a game played with black and white pieces on a board of 361 crosses
21. 疲劳	（形）	píláo	tired, weary
22. 痒	（形）	yǎng	itchy

23. 棋盘	（名）	qípán	chessboard
24. 棋子儿	（名）	qízǐr	piece (in a board game)

专名 Proper nouns

向	Xiàng	a surname

二 课堂练习 Exercises

（一）语音

1. 辨音辨调

| yìshi | 意识 | xìnxīn | 信心 | jìngōng | 进攻 |
| yùshí | 玉石 | xīnxīng | 新星 | jùngōng | 竣工 |

| fǎnshǒu | 反手 | jīdòng | 机动 | xìnzhǐ | 信纸 |
| fángshǒu | 防守 | jǔdòng | 举动 | xìngzhì | 性质 |

2. 朗读古诗

绝句

[唐]杜甫

两个黄鹂鸣翠柳，一行白鹭上青天。
窗含西岭千秋雪，门泊东吴万里船。

（二）词语

从本课生词表中选择合适的词语填空

（1）鱼从水里_____出头来。

（2）河的上游有一个大_____，里面养了很多_____。

（3）在全校运动会上，我们学院获得了五块_____、四块_____和六块_____。

(4) 这次的足球比赛经过激烈的_____，北京队获得_____，上海队获得_____。

(5) 随着年龄的增长，爷爷的记忆力在慢慢_____。

(6) 说话、做事都要抓住_____。

(7) 今天的风有五六_____。

(8) 谁都不愿意在别人面前_____，丢面子。

(9) 请把帽子挂在衣帽_____上。

(10) 他的发音错了，可是他没有_____到。

(11) 遇到突然发生的事情，一定不要_____，要对自己充满_____。

(12) 这个城市经历38个_____的对外开放，获得了巨大的发展。

(13) 敌人非常_____，想从后面_____我们。

(14) 今天的足球比赛，两个队都踢得很好，看这样的比赛真_____。

(15) "轰"的一声，地面上的动物吓得四处乱_____。

(16) 我们的战士不怕危险，跟敌人_____了三天三夜。

(17) 这场比赛北京队进攻得不错，可是_____得不太好。

(18) 我跟老徐下棋_____多败少，我不想跟他下，可他总是向我_____。

(19) 你别紧张，请你_____，再放松。

(20) 小孩子们没有_____，没有_____，多幸福啊！

(21) 山本正热情好客，_____交朋友，谁有困难他都热心帮助。

(22) 我觉得骑自行车比坐公共汽车方便，_____灵活，还能锻炼身体。

(23) _____生活条件，这里不太好；可是_____教学条件，这里最好。

(24) 小向刚毕业，第一次参加工作，是个_____，还不太熟悉公司里的情况。

(25) 这次体育比赛带有商业表演的_____。

（三）句型

    1. 用"不过"完成句子

       （1）贝拉学习一直很努力，_____。

       （2）他感冒了好几天，_____。

       （3）这个词我学过，_____。

       （4）那个水库可以钓鱼，_____。

       （5）我会下围棋，_____。

    2. 用"只是"完成句子

       （1）你的发音不错，_____。

       （2）这件衣服的颜色、样子都很好，_____。

       （3）这里的春天天气不错，_____。

       （4）我没有病，_____。

       （5）我也想参加书法学习班，_____。

    3. 用"可是"完成句子

       （1）这位老人已经80岁了，_____。

       （2）他的房间很大，_____。

       （3）这个语法我学过，_____。

       （4）我喜欢钓鱼，_____。

       （5）老年人再婚是利国利民的好事儿，_____。

    4. 用"然而"完成句子

       （1）这里的生活条件比较艰苦，_____。

       （2）我们已经毕业半年了，_____。

       （3）小时候的事情差不多都忘了，_____。

       （4）沟通是心灵的桥梁，_____。

       （5）美云多次劝告史朋酒后不要开车，_____。

5. 用"反而"完成句子

　　(1) 现在是春天，_____。

　　(2) 吃了这种药，_____。

　　(3) 我们走这条近路，_____。

　　(4) 退休以前他工作非常忙，_____。

　　(5) 他又学习了半年，_____。

（四）成段表达

　　1. 看图《老奶奶过生日》，回答问题

　　(1) 图中有几个人？他们是什么关系？

　　(2) 今天是什么日子？

　　(3) 每个人会说什么、做什么？

　　2. 口头叙述：《老奶奶过生日》

四　家庭作业 Homework

（一）词语

　　用下列生词至少组成两个短语

　　(1) 银牌：_____ _____　　(2) 水库：_____ _____

(3) 意识：_____ _____　　(4) 狡猾：_____ _____

(5) 信心：_____ _____　　(6) 战斗：_____ _____

(7) 放松：_____ _____　　(8) 进攻：_____ _____

(9) 防守：_____ _____　　(10) 疲劳：_____ _____

(11) 忧愁：_____ _____　　(12) 烦恼：_____ _____

（二）阅读

下棋

我的爱好是下棋，什么围棋、中国象棋、国际象棋都能来两手儿，其中最拿手的是中国象棋。因为我姓向，是个棋迷，所以别人都管我叫"向棋迷"。虽说我的棋艺不怎么样，可是一看见别人下棋手就痒，非参加战斗不可。开始的时候，我只能站在旁边观战，一边看一边给劣势（lièshì, inferior position）的一方支着儿（zhī zhāor, to suggest a move in chess）。光动嘴还不过瘾，看准机会就把输的一方推开，自己坐下来向胜者宣战，直到自己输了，被别人推开为止。

下棋是一种积极的休息。紧张的工作之后，坐在棋盘旁边搬搬棋子儿，可以使全身心放松。下棋的时候，一心只想如何进攻、怎样防守，一天的疲劳、工作的忧愁和生活的烦恼全都忘记了。下棋的只有两个人，可是周围有很多观众，所以下棋往往带有表演的性质。因此，下一盘棋不仅下棋的两个人能得到休息和享受，周围其他人也能从观战中得到休息和享受。

下棋不分时间，不论地点，没有条件限制。有时候10分钟、20分钟就能杀一盘。什么公园里、大树下、马路边都能摆战场。天气晴好，在外边下；刮风下雨，在屋里下：非常机动灵活。

下棋还能广交朋友，提高知名度。我在象棋比赛中虽然没得过冠军、亚军，但是在我们单位，一提"向棋迷"，没有人不知道，我也成了一个不大不小的名人。

下棋必须有对手。经常下棋的人都有同感，找一个合适的对手不容易。棋艺高的人不愿意跟自己下,棋艺低的人自己不愿意跟他下。跟棋艺太高的人下,光输不赢,没有意思;跟棋艺太低的人下,光赢不输,也没有意思。水平相当,有输有赢,跟这样的对手下棋才能提高棋艺。可是要找到这样的对手谈何容易!

上个月,我好不容易找到一个好对手。先是下五盘他赢一盘,后来下五盘他赢两盘,再后来下五盘他赢三盘,现在是下五盘他赢四盘。看来,过不了多久我又得找新的对手了。

1. 根据上下文解释下列词语的意思

   (1) 来两手儿——

   (2) 棋艺——

   (3) 观战——

   (4) 向胜者宣战——

   (5) 搬棋子儿——

   (6) 杀一盘——

   (7) 摆战场——

   (8) 名人——

   (9) 对手——

   (10) 同感——

   (11) 水平相当——

   (12) 谈何容易——

   (13) 好不容易——

2. 回答问题

   (1) 为什么别人管他叫"向棋迷"?

   (2) 下棋有哪些好处?

   (3) 为什么说找一个合适的对手不容易?

(三) 写作

请把课文《钓鱼》中的"我"改为王文,用第三人称叙述课文。

语法 Grammar

转折复句（1）　Transitional complex sentence (1)

分句之间直接发生转折关系的复句，称为单纯转折复句。这种转折复句偏句没有转折预示，表意重点在正句上。常用的转折连词有"不过""只是""可（是）""但（是）""而（是）""然而"等，常用的转折副词有"却""反而""反倒"等。例如：

The complex sentence in which there is a transitional relation between the clauses is called a simple transitional complex sentence. In this transitional complex sentence, the subordinate clause does not indicate transition which is stated by the main clause. The transitional conjunctions often used include "不过""只是""可（是）""但（是）""而（是）""然而" and so on. The transitional adverbs often used include "却""反而""反倒" and so on. For example:

（1）我请客可以，不过你得带上钱。

（2）您上课很认真，只是说话太快。

（3）下棋的只有两个人，可是周围有很多观众，所以下棋往往带有表演的性质。

（4）天气很热，学习很累，但是她觉得这样的生活很有意思。

（5）当时我并没有惊慌，而是充满了信心。

（6）昨天的收获不小，然而最大的收获是我在三个年轻人面前没有丢面子。

（7）他平时学习很努力，这次考试却没考好。

（8）过了半年，他的体重没有减下来，反而又增加了。

（9）这个老向，自己做得不对，反倒批评起我来了。

第八课 火热的心

一 课文 Text

红星纺织有限公司有一对儿好青年,男的叫程东,女的叫许小丽。他们两个小学和中学是同班同学,后来一起考入了纺织学院。虽然不在同一个系,可是他们都喜欢体育,经常在操场上碰见。大学毕业后,他们俩同时被红星纺织有限公司录用,而且还被分在同一个办公室。

程东是个爱说爱笑的小伙子,高高的个子,浓眉大眼,看上去像个运动员。他不仅在工作中表现很优秀,年年被评为先进工作者,而且喜欢帮助别人,是全公司有名的热心人。许小丽呢,苗条,漂亮,是个心灵手巧的姑娘。她设计的防止噪声装置获得了国家专利,而且发表了好几篇论文。他们每天上班一起来,下班一起回去,渐渐地有了感情。

正当他们热恋的时候,不幸的事情发生了。许小丽常常肚子疼,有时疼得吃不下饭,睡不着觉。程东陪她去医院看病,大夫反复检查以后告诉程东,许小丽得的是肠癌,要马上动手术,而且不让程东把病情告诉许小丽。平时爱说爱笑的程东一下子变得不说不笑了。他急得饭吃不下,觉睡不着。

许小丽住院以后,程东每天

下了班都去看她。许小丽想吃什么，程东都想办法买来给她吃。虽然没有人告诉许小丽得了什么病，但是细心的许小丽已经从程东和大夫的表情中猜到了自己的病情。有一天，许小丽哭着对程东说："我的病好不了了，我不想拖累你，咱们分手吧！"程东安慰她："你别胡思乱想，我一辈子只爱你一个人，我们永远不分开。你要坚定信心，配合大夫，积极治疗，你的病会治好的。"

为了治好许小丽的病，医院请来了全市最有名的大夫给她做手术，手术做得非常成功。不久，许小丽出院了。每逢双休日和节假日，程东都去许小丽家里陪伴她，照顾她。他鼓励许小丽热爱生活，并带来一些书、杂志给她看，给她讲故事，有时还陪她去公园逛逛。现在，许小丽的身体已经康复了。她激动地说："在我最困难的时候，是程东帮助了我。他那火热的心给了我生活的勇气和力量。"

生词 New words

1. 火热	（形）	huǒrè	fervent
2. 纺织	（动）	fǎngzhī	to spin and weave
织	（动）	zhī	to weave, to knit
3. 有限	（形）	yǒuxiàn	limited
4. 对儿	（量）	duìr	pair, couple
5. 同班	（动）	tóngbān	to be in the same class
6. 录用	（动）	lùyòng	to hire, to employ

7. 浓眉	(名)	nóngméi	heavy or bushy eyebrows
眉	(名)	méi	eyebrow
8. 心灵手巧		xīnlíng-shǒuqiǎo	to be clever in mind and skillful in hand
灵	(形)	líng	quick, clever, bright
巧	(形)	qiǎo	skillful, ingenious, clever
9. 防止	(动)	fángzhǐ	to prevent, to avoid
10. 噪声	(名)	zàoshēng	noise, undesired sound
11. 装置	(名)	zhuāngzhì	installation, device
12. 专利	(名)	zhuānlì	patent
13. 发表	(动)	fābiǎo	to publish, to issue
14. 论文	(名)	lùnwén	thesis, paper
15. 渐渐	(副)	jiànjiàn	gradually, little by little
16. 正当	(动)	zhèngdāng	just when, just the time for
17. 热恋	(动)	rèliàn	to be passionately in love
18. 不幸	(形)	búxìng	unfortunate
19. 肠癌	(名)	cháng'ái	intestinal cancer
20. 病情	(名)	bìngqíng	state of an illness
21. 细心	(形)	xìxīn	careful, attentive
22. 表情	(名)	biǎoqíng	expression, look
23. 拖累	(动)	tuōlěi	to be a burden on
24. 分手	(动)	fēnshǒu	to separate
25. 胡思乱想		húsī-luànxiǎng	to be lost in various fancies and conjectures
26. 坚定	(动、形)	jiāndìng	to strengthen; firm
27. 配合	(动)	pèihé	to coordinate, to cooperate
28. 不久	(形)	bùjiǔ	soon
29. 双休日	(名)	shuāngxiūrì	two-day weekend
30. 节假日	(名)	jiéjiàrì	festival and holiday
31. 鼓励	(动)	gǔlì	to encourage
32. 热爱	(动)	rè'ài	to have deep love for
33. 康复	(动)	kāngfù	to be recovered
34. 勇气	(名)	yǒngqì	courage

补充词汇 Supplementary words

1. 实行	（动）	shíxíng	to carry out, to practise
2. 效率	（名）	xiàolǜ	efficiency, productiveness
3. 普遍	（形）	pǔbiàn	universal, general, common
4. 橱窗	（名）	chúchuāng	shopwindow
5. 玩具	（名）	wánjù	toy, plaything
6. 失误	（动）	shīwù	to fault, to muff
7. 万分	（副）	wànfēn	very much, extremely
8. 特点	（名）	tèdiǎn	characteristic, distinguishing feature, trait
9. 乖	（形）	guāi	well-behaved, good, lovely
10. 天真	（形）	tiānzhēn	innocent, naive
11. 活泼	（形）	huópo	lively, vivid
12. 任务	（名）	rènwu	task, assignment, job
13. 病历	（名）	bìnglì	medical record
14. 混	（动）	hùn	to mix
15. 津津有味		jīnjīn-yǒuwèi	to eat with good relish, to be very fond of
16. 吃惊	（动）	chījīng	to be startled, to be shocked
17. 晕	（动）	yūn	to be dizzy, to faint
18. 诊断	（动）	zhěnduàn	to diagnose
19. 亲密	（形）	qīnmì	close, intimate
20. 儿科	（名）	érkē	(department of) paediatrics

专名 Proper nouns

1. 红星纺织有限公司	Hóngxīng Fǎngzhī Yǒuxiàn Gōngsī	Hongxing Textile Co., Ltd.
2. 程东	Chéng Dōng	name of a person
3. 许小丽	Xǔ Xiǎolì	name of a person

三 课堂练习 Exercises

（一）语音

1. 辨音辨调

| fǎngzhī 纺织 | zhuānzhì 专制 | zhuānlì 专利 |
| fángzhǐ 防止 | zhuāngzhì 装置 | zhuànglì 壮丽 |

| jiāndìng 坚定 | gūlì 孤立 | shīxíng 施行 |
| jiàndìng 鉴定 | gǔlì 鼓励 | shíxíng 实行 |

2. 朗读古诗

枫桥夜泊

[唐]张继

月落乌啼霜满天，江枫渔火对愁眠。
姑苏城外寒山寺，夜半钟声到客船。

（二）词语

从本课生词表中选择合适的词语填空

(1) 白老师写的_____在国内一本著名杂志上_____了。

(2) 这里的_____污染非常严重，机器的声音吵得我睡不着觉。

(3) 程东和许小丽正在_____，他们可能明年结婚。

(4) 经过专家的治疗，许小丽的身体_____好了起来，现在已经完全_____了。

(5) 司机们一定不要酒后开车，_____发生交通事故。

(6) 许小丽又聪明又漂亮，是个心灵手_____的姑娘。

(7) 这个公司引进自动化_____以后，生产效率大大提高了。

(8) 山本的汉语水平很高，回国之后有好几家公司要_____他。

(9) 从他的_____上看，他已经知道了这件事儿。

(10) 他们的这项发明已经申请了国家_____。

(11) 张总_____赵林说："你要_____信心，试验一定能成功。"

(12) 对于提高教师工资这件事儿，程校长的态度非常_____，这对老师们来说是个很大的_____。

(13) 我是个残疾人，但是我不想_____别人，我要学会自己照顾自己。

(14) 老师和学生要互相_____，共同完成教学任务。

(15) 在我们学校，留学生和中国学生交换辅导的现象非常_____。

(16) 中国人民_____和平，反对战争。

(17) 考试的时候要_____，不能马虎。

(18) 那个商店的_____里有很多儿童_____。

(19) 每逢节假日和_____，我们全家都会去看望爷爷奶奶。

(20) 这个规定很好，但_____起来不太容易。

(21) 由于大夫诊断_____，那个病人吃了药以后病情反而加重了。

(22) 今天彼得收到女朋友送他的第一个礼物，他心中_____高兴。

(23) 这幅画儿很有_____，是一个六岁的孩子画的。

(24) 你的小女儿真乖，又_____又_____，非常可爱。

(25) 半年要学完四本书，我们的学习_____很重。

(26) 这是你的病历，那是他的病历，别弄_____了。

(27) 这个儿童节目很有意思，孩子们看得_____。

(28) 听到这个不幸的消息，我们都很_____，怎么会发生这样的事儿？

(29) 艾米最近常常头_____，大夫_____，这是失眠造成的。

(30) 贝拉特别喜欢兔子，她不仅属兔，还养了一_____兔子。

(三) 句型

1. 完成句子

(1) 尽管困难很大，_____。

(2) 尽管天气很冷，_____。

(3) 尽管我没学过日语，_____。

(4) 这里的条件尽管艰苦，_____。

(5) 他尽管身体不好，_____。

(6) 他们尽管做了最大努力，_____。

(7) 虽然他喜欢钓鱼，_____。

(8) 虽然他不太聪明，_____。

(9) 虽然没有告诉他，_____。

(10) 那位农民虽然没上过大学，_____。

(11) 今天的课文虽然生词比较多，_____。

(12) "OK"街虽然长不过200米，宽不过15米，_____。

2. 用"虽然"或"尽管"完成句子

(1) 交通还是那么拥挤，_____。

(2) 污染的问题还是没有得到解决，_____。

(3) 他还是那么胖，_____。

(4) 小王还没找到理想的工作，_____。

(5) 他的脸色非常好，_____。

(6) 小程对那儿非常熟悉，_____。

(7) 我一定能找到那儿，_____。

(8) 我对他的情况非常熟悉，_____。

（四）成段表达

谈谈你学完这篇课文后的感想。

四 家庭作业 Homework

（一）词语

用下列生词至少组成两个短语

(1) 纺织：_____ _____　　(2) 防止：_____ _____

(3) 发表：_____ _____　　(4) 拖累：_____ _____

(5) 鼓励：_____ _____　　(6) 热爱：_____ _____

(7) 实行：_____ _____　　(8) 渐渐：_____ _____

(9) 表情：_____ _____　　(10) 坚定：_____ _____

(11) 天真：_____ _____　　(12) 细心：_____ _____

(13) 普遍：_____ _____　　(14) 亲密：_____ _____

(15) 特点：_____ _____　　(16) 失误：_____ _____

（二）阅读

我要当儿科医生

这是一个幸福的三口之家：爸爸、妈妈和他们的宝贝儿子冬冬。冬冬今年九岁，是个又活泼又可爱的孩子。他学习成绩优秀，每次考试总是班里第一名。在家里，他也非常乖，经常帮妈妈干些力所能及的家务活儿。可以说，他是爸爸妈妈的骄傲和希望。

有一天，冬冬生病了，爸爸妈妈带他去看病。一开始，他们一点儿也没在意，以为是一般的感冒，打打针、吃吃药就好了。可是检查结果出来以后，他们大吃一惊。大夫诊断，冬冬得的是白血病（báixuè-bìng, leukemia），最多只能活六个月。"什么？我们的孩子只能活六个月？这绝对不可能。"妈妈快要急哭了，爸爸接过检查报告单，看见最后那三个字——"白血病"，一下子晕了过去。

从那天起，爸爸妈妈虽然心里万分痛苦，但是为了不影响孩子，他们没有表现出任何异样，只是比以前更加细心地照顾冬冬，经常问他想吃什么，想要什么。凡是冬冬提出来的要求，他们都尽量满足。有一天，爸爸带冬冬去公园玩儿，回来的时候经过一个玩具店。冬冬看见橱窗里摆着一辆红色的小汽车，说："真漂亮！"爸爸问："冬冬喜欢吗？""喜欢。可是很贵吧？""没关系，只要冬冬喜欢，咱们就买！"说完，他们走进商店，把那辆小汽车买了下来。冬冬觉得有点儿奇怪。他虽然是个孩子，但知道家里的<u>经济状况</u>。花那么多钱买小汽车，他从来没有想过。

<u>父子俩</u>回到家，妈妈已经把饭菜准备好了，而且做了好多冬冬喜欢吃的。三口人坐下来吃饭，爸爸把一个鸡腿夹（jiā，to press from both sides）到冬冬碗里，妈妈把一块儿牛肉放在冬冬嘴里。冬冬一边吃一边说："真好吃！"突然，冬冬停下来说："明天上课，老师让我们谈自己的理想。我长大当什么好呢？当老师？当警察？对了，当医生好！当医生可以给别人治病，<u>救别人的命</u>。爸爸，我长大要当医生，好吗？""好！好！最好当个儿科医生，把所有生病的孩子都治好！"冬冬点点头，笑了，又大口大口地吃起来。看着冬冬吃得津津有味，爸爸妈妈一口也吃不下。

晚上，冬冬睡了。爸爸问："还有几个月？""大概两个月吧。"妈妈痛苦地回答。这时，电话铃响了。爸爸拿起话筒，对方说："您是冬冬的父亲吧？我是给冬冬看病的李大夫。非常抱歉，由于工作失误，我们把冬冬的病历和别人的搞混了。冬冬得的不是白血病，是感冒。"爸爸又一次惊呆了："什么？！不是白血病？！是感冒？！"爸爸放下话筒，夫妻俩高兴地冲进冬冬的房间，听见冬冬正在<u>说梦话</u>："我要当儿科医生……"

1. 根据上下文解释下列词语的意思

　（1）三口之家——

　（2）在意——

　（3）大吃一惊——

　（4）异样——

　（5）尽量满足——

（6）经济状况——

（7）父子俩——

（8）救别人的命——

（9）说梦话——

2. 判别正误

（1）冬冬是个十分可爱的孩子。（　）

（2）冬冬学习成绩优秀，可是他非常骄傲。（　）

（3）听说冬冬得了白血病，爸爸妈妈又吃惊又着急。（　）

（4）自从知道冬冬得了白血病，爸爸妈妈表现得非常悲痛。（　）

（5）他们家经济条件很好，所以给冬冬买了小汽车。（　）

（6）为了照顾好冬冬，他想吃什么，妈妈就给他做什么。（　）

（7）冬冬想当医生是因为他知道自己得了癌症。（　）

（8）爸爸说"最好当个儿科医生"，是希望冬冬长大以后把所有生病的孩子都治好。（　）

（9）爸爸说"最好当个儿科医生"，只是安慰冬冬的话。（　）

（10）冬冬真的想当儿科医生。（　）

3. 回答问题

（1）知道冬冬得了白血病，爸爸妈妈是怎样满足他要求的？举例说明。

（2）看着冬冬吃得津津有味，爸爸妈妈为什么一口也吃不下？

（三）写作

请介绍本国的一个感人爱情故事并写下来。

五 语法 Grammar

转折复句（2）　Transitional complex sentence (2)

先让步后转折的复句，称为让步转折复句。这种转折复句偏句有转折预示，表意重点在正句上。常用的关联格式有"尽管（/虽然）……但是（可是/却）……""不但（/不仅）不（/没）……反而（/反倒/却）……"等。例如：

The complex sentence in which the first clause indicates concession and the second clause indicates transition is called a concessive-transitional complex sentence. The subordinate clause of this complex sentence indicates transition and the main clause expresses the central meaning. The constructions often used include "尽管（/虽然）……但是（可是/却）……""不但（/不仅）不（/没）……反而（/反倒/却）……" and so on. For example:

（1）尽管我的英语水平不高，但是我可以试试。

（2）虽然不在同一个系，可是他们都喜欢体育，经常在操场上碰见。

（3）过了半年，他的体重不但没减下来，反而又增加了。

第九课 中国家庭

一 课文 Text

昨天下午，我们听了一个关于中国家庭的学术报告，题目是《中国现代家庭结构》，报告人是社会科学院的毛文广教授。

毛教授学问渊博，风趣幽默，对中国家庭很有研究，发表了很多论文。昨天他讲得深入浅出、通俗易懂，我学到了很多知识。

他说，中国人的传统观念认为三世同堂、四世同堂是最幸福的家庭，但这样的家庭人口多，结构复杂，容易产生矛盾。随着国家经济的发展和社会保险事业的进步，这种联合家庭开始减少，中国城乡家庭结构出现了核心化倾向。

什么是核心家庭呢？核心家庭的特点是"代"的层次少，一个家庭只有一代或者两代。核心家庭结构简单，人口少，矛盾少，人和人之间比较亲密，是最理想的家庭结构。

核心家庭在城市里比较普遍。在城市里，一般一对儿夫妻有一个或两个孩子，所以大部分家庭是三口或者四口之家。

农村的情况不太一样。越是富裕的农村，核心家庭越多；越是落后的农村，核心家庭越少。但是，不管是富裕的农村还是落后的农村，核心家庭都越来越多。

2020年最新数据表明，中国的核心家庭结构已开始由夫妻二人带娃的三口或四口之家转换为独居或夫妻二人为主的模式。这与中国社会的生育率下降、人口老龄化、人口流动等因素紧密相关。

毛教授还说，中国现代的核心家庭多数具有"分而不离"的特点。这主要表现在子女工作或结婚以后虽然同父母分开住了，可是在生活上还互相照顾，子女在经济上还承担赡养的义务，他们在感情上并不分离。比如逢年过节和双休日，子女带着礼物到父母家或邀请父母来自己家，共享天伦之乐；平时父母家有什么急事儿，打一个电话，子女就会回去；子女家有什么大事儿，父母也会给他们出主意，想办法。这种"分而不离"的核心家庭模式，不但年轻人喜欢，老年人也欢迎。年轻人有自己的生活天地，老年人也有自己的兴趣爱好。分开以后，大家各得其所，互不干扰；否则硬凑在一起，双方都不自在。

毛教授最后说，家庭是社会的细胞，只有每个家庭都幸福，社会才能安定、进步。

二 生词 New words

1. 结构	（名）	jiégòu	structure
2. 社会科学院		shèhuì kēxuéyuàn	academy of social sciences
3. 渊博	（形）	yuānbó	broad and profound, erudite
4. 幽默	（形）	yōumò	humorous
5. 深入浅出		shēnrù-qiǎnchū	to explain profound theories in simple language
6. 通俗易懂		tōngsú yìdǒng	to be easy to understand
通俗	（形）	tōngsú	popular, common
7. 产生	（动）	chǎnshēng	to produce, to come into being
8. 社会保险		shèhuì bǎoxiǎn	social security
9. 联合	（形、动）	liánhé	united; to unite, to ally

10. 城乡	（名）	chéngxiāng	town and country
11. 核心化	（动）	héxīnhuà	to kernelize
核心	（名）	héxīn	core, nucleus, kernel
12. 倾向	（名）	qīngxiàng	tendency, inclination
13. 富裕	（形）	fùyù	rich, prosperous
14. 数据	（名）	shùjù	data
15. 表明	（动）	biǎomíng	to make known, to make clear
16. 娃	（名）	wá	baby, child
17. 转换	（动）	zhuǎnhuàn	to transform
18. 模式	（名）	móshì	model, pattern
19. 生育率	（名）	shēngyùlǜ	birth rate
生育	（动）	shēngyù	to bear, to give birth to
20. 下降	（动）	xiàjiàng	to descend, to fall
21. 老龄化	（动）	lǎolínghuà	to be aging
22. 因素	（名）	yīnsù	factor
23. 具有	（动）	jùyǒu	to possess, to have
24. 承担	（动）	chéngdān	to bear, to undertake
25. 赡养	（动）	shànyǎng	to support, to provide for
26. 分离	（动）	fēnlí	to separate, to part
27. 天伦之乐		tiānlúnzhīlè	the happiness of a family union
天伦	（名）	tiānlún	the natural bonds and ethical relationships between family members
28. 天地	（名）	tiāndì	field of activity
29. 各得其所		gèdé-qísuǒ	each one is in his proper place
30. 干扰	（动）	gānrǎo	to disturb, to interfere
31. 否则	（连）	fǒuzé	otherwise
32. 硬	（副）	yìng	with difficulty
33. 凑	（动）	còu	to gather together, to collect
34. 自在	（形）	zìzai	comfortable, at ease
35. 细胞	（名）	xìbāo	cell, the basic components of things
36. 安定	（形）	āndìng	stable, settled, quiet

补充词汇　Supplementary words

1. 规矩	（名）	guīju	rule, established practice, custom
2. 集中	（形、动）	jízhōng	centralized; to concentrate, to focus
3. 大力	（副）	dàlì	energetically, vigorously
4. 忽视	（动）	hūshì	to ignore, to overlook, to neglect
5. 兴高采烈		xìnggāo-cǎiliè	to be in buoyant spirits
6. 洋溢	（动）	yángyì	to be permeated with
7. 筹备	（动）	chóubèi	to prepare, to arrange
8. 丰富多彩		fēngfù-duōcǎi	rich and varied
9. 名副其实		míngfùqíshí	to be worthy of the name
10. 具体	（形）	jùtǐ	concrete, specific, particular
11. 除非	（连）	chúfēi	only if, only when
12. 抽奖	（动）	chōujiǎng	to draw a lottery or raffle
13. 基金	（名）	jījīn	fund
14. 募集	（动）	mùjí	to collect, to enlist, to raise
15. 清洁工	（名）	qīngjiégōng	cleaner
清洁	（形）	qīngjié	clean
16. 翻搅	（动）	fānjiǎo	to stir
17. 祷告	（动）	dǎogào	to pray
18. 顺手	（副）	shùnshǒu	smoothly, without difficulty
19. 字迹	（名）	zìjì	handwriting, writing

专名　Proper nouns

1. 毛文广	Máo Wénguǎng	name of a person
2. 元旦	Yuándàn	New Year's Day
3. 王朋	Wáng Péng	name of a person

三 课堂练习　Exercises

（一）语音

　　1. 辨音辨调

| chǎnshēng | 产生 | qīngxiāng | 清香 | chéngdān | 承担 |
| chǎngshāng | 厂商 | qīngxiàng | 倾向 | chéngdāng | 承当 |

| shànyǎng | 赡养 | yuānbó | 渊博 | guīju | 规矩 |
| shàngyǎn | 上演 | yǎnbō | 眼波 | guīlǜ | 规律 |

2. 朗读小诗

看天

月亮圆圆，像个银盘，
我要上去，把你当船。
星星晶晶，好像明灯，
我要上去，用你照明。
天河长长，好像长江，
我要上去，看看风光。

（二）词语

从本课生词表中选择合适的词语填空

(1) 昨天下午马教授给我们做了一个关于治理环境污染的学术报告，他讲得很_____，我都听懂了。

(2) 旧的矛盾解决了，新的矛盾又_____了。

(3) 在中国，每个子女都应_____赡养父母的责任和义务。

(4) 这篇文章写得很好，内容_____，层次清楚，语言生动。

(5) 随着_____下降，中国社会人口_____现象越来越明显。

(6) 机器的噪声_____了居民的正常生活。

(7) 我们一共来了10个学生，按照汉语水平有的人去了B班，有的人去了C班，有的人去了D班，大家_____。

(8) _____家庭的特点是"代"的层次少，一般只有一代或两代。

(9) 只有发展经济，人民才能过上_____的生活。

(10) 这个句子的_____很复杂，可是方老师的解释_____，通俗易懂。

(11) 有的娱乐活动，比如下棋，_____比赛的性质。

（12）我们两个班_____起来跟中国学生踢了一场足球比赛。

（13）近几年来的人口出生数据表明，越来越多的年轻人不愿意生_____，国家应实行有效的政策，_____鼓励年轻人_____。

（14）谁_____那些没有子女的老人？

（15）我们班最近在教学上出现了重视读写、忽视听说的_____。

（16）有的退休老人给子女看孩子，每天跟孙子、孙女一起玩儿，享受_____之乐。

（17）马教授知识_____，说话_____，我们都喜欢听他的报告。

（18）同学之间生活上要互相关心、互相帮助，但学习上要互不_____。

（19）社会的_____、人民的团结，是发展经济的重要条件。

（20）发展经济很重要，但是发展教育也是不能_____的问题。

（21）一看见别人下棋，老向就_____过去看。

（22）放学了，孩子们_____地回家去了。

（23）婚礼上_____着欢乐的气氛。

（24）为了_____这次的篮球比赛，王老师已经几天没有休息好了。

（25）每到春节，各地都会举办_____的庆祝活动。

（26）_____是中国的法定节假日。

（27）这个城市的泉水很多，是_____的泉城。

（28）请你_____谈谈中国家庭结构变化的原因。

（三）句型

完成对话

（1）A：小方怎么还没来？
　　　B：他一定有要紧的事儿，出不来，否则，_____。

（2）A：你怎么去？
　　　B：坐公共汽车。
　　　A：不行。你得打的去，不然的话，_____。

（3）A：你明天去不行吗？

　　　B：我必须今天去，否则的话，_____。

（4）A：你拿定主意了吗？

　　　B：还没有呢。

　　　A：你跟我们一起去吧，不然的话，_____。

（5）A：做买卖就得讲究信誉。

　　　B：是啊，不然的话，_____。

（6）A：你得去医院检查检查。

　　　B：你陪我去吧，否则，_____。

（四）成段表达

1.看图《婆婆和妈妈》，回答问题

（1）图中有几个人？他们是什么关系？

（2）女的给男的什么？男的表情怎么样？

（3）女的自己留下什么？男的表情怎么样？

（4）看了这张图你有什么想法？

2.请根据这张图讲一个故事

四 家庭作业 Homework

(一) 词语

用下列生词至少组成两个短语

(1) 产生：_____ _____
(2) 联合：_____ _____
(3) 具有：_____ _____
(4) 承担：_____ _____
(5) 赡养：_____ _____
(6) 下降：_____ _____
(7) 干扰：_____ _____
(8) 具体：_____ _____
(9) 忽视：_____ _____
(10) 筹备：_____ _____
(11) 通俗：_____ _____
(12) 集中：_____ _____

(二) 句型

完成句子

(1) 你来中国一个星期了，应该给妈妈打个电话，不然_____。
(2) 天气这么冷，你应该多穿些衣服，不然_____。
(3) 六点的飞机，你该动身了，不然_____。
(4) 你应该把真实的情况告诉他，不然_____。
(5) 今天我得去银行换钱，不然_____。
(6) 上课的时候我们应该多练习口语，不然_____。
(7) 理论应该联系实际，否则_____。
(8) 我们现在必须开始保护环境，否则_____。
(9) 人人都应该学习法律，懂得法律，否则_____。
(10) 彼得一定参加过中国人的婚礼，否则_____。
(11) 除非质量好，价钱又便宜，否则_____。
(12) 除非你不告诉别人，否则_____。

（三）阅读

抽奖

某公司有一个传统，每年的元旦都会举办新年晚会并进行抽奖。抽奖的规矩是这样的：每个员工先交100块钱作为基金，晚会当天由老板抽出一名幸运员工获得这笔钱。全公司一共500人，总共能够募集到50000块钱，被抽中的幸运者可以把这些钱全拿回家。

晚会开始了，会场里洋溢着欢乐的气氛，大家兴高采烈地说啊笑啊。主持人让每个人在纸条儿上写上自己的名字，放进抽奖箱中。

王朋是一个20多岁的年轻职员，他快要结婚了，正在筹备婚礼，很需要这笔钱。他拿起纸和笔，刚要写上自己的名字时，看到了旁边的清洁工阿姨。这位清洁工阿姨有个<u>体弱多病</u>的儿子，最近需要做手术，需要支付很多钱，可清洁工阿姨家并不富裕。王朋想：如果我能够得到这笔钱，那很好；但如果清洁工阿姨能得到这笔钱，那就更好了。于是他决定把这个机会让给清洁工阿姨，就在纸条儿上写下了清洁工阿姨的名字。

晚会首先是表演节目，有人唱歌，有人跳舞，有人表演小品，节目丰富多彩。到了抽奖的时候，公司老板走到抽奖箱前边，大家都很紧张。老板用手在抽奖箱中翻搅一番，最后抽出一张纸条儿。王朋在心中祷告，期盼抽到清洁工阿姨。这时候，老板大声宣布得奖人的名字，正是那位清洁工阿姨。阿姨<u>喜极而泣</u>（qì, to cry），感动地说："我太幸运了！这50000块钱可以帮我付儿子的手术费了！谢谢公司！谢谢大家！"

晚会结束了，王朋把抽奖箱搬回办公室。他觉得今天的抽奖是一个"<u>新年奇迹</u>"。到了办公室，他顺手从抽奖箱里摸出一张纸条儿，打开一看，上面写的是清洁工阿姨的名字。他又打开一张纸条儿，上面写的还是清洁工阿姨的名字。他<u>接连</u>抽出好几张纸条儿，上面的字迹虽然不一样，但是写的都是清洁工阿姨的名字。

王朋心情非常激动。大家用这种方式帮助一个需要帮助的人，真是名副其实的"新年奇迹"！不过，这个奇迹不是从天上掉下来的，而是全公司的人共同创造的。

1. 根据上下文解释下列词语的意思

　　（1）体弱多病——

　　（2）喜极而泣——

　　（3）新年奇迹——

　　（4）接连——

2. 根据短文填空

　　（1）某公司的_____是每年元旦举办新年晚会并进行抽奖。

　　（2）王朋是一个_____岁的年轻职员，他快要结婚了，正在筹备_____。

　　（3）清洁工阿姨生活不_____，她需要一笔钱为儿子付_____费。

　　（4）晚会上有人唱歌，有人跳舞，有人表演小品，节目_____。

　　（5）这个"新年奇迹"不是_____，而是全公司的人_____。

3. 回答问题

　　（1）王朋为什么希望自己中奖（zhòngjiǎng, to win a prize in a lottery）？

　　（2）王朋为什么把中奖的机会让给清洁工阿姨？

　　（3）清洁工阿姨是怎么中奖的？

（四）写作

　　邀请一位中国朋友谈谈他家的家庭结构，然后在班上做介绍。注意听别人的介绍，看谁讲得好，并把他讲的写出来。

五 语法 Grammar

转折复句（3）　Transitional complex sentence (3)

　　分句之间既有假设关系又有转折关系的复句，称为假设转折复句。这种转折复句偏句没有转折预示，表意重点在正句上。常用的关联格式有"……，不然（/否则）（的话）……""如果……，……；但如果……，就……""如果……，就……；但如果……，……""……，如果……，但也……"等。其中，"……，不然（/否则）（的话）……"作用在于反证条件的重要性；"如果……，……；但如果……，就……""如果……，就……；但如果……，……"强调对比性转折；"……，如果……，但也……"强调让步性转折。例如：

The complex sentence in which both a hypothetical relation and a transitional relation exist between the clauses is called a hypothetical-transitional complex sentence. In such a transitional complex sentence, the subordinate clause does not bear transition and the main clause expresses the central meaning. Correlative constructions often used in such complex sentences include "……，不然（/否则）（的话）……""如果……，……；但如果……，就……""如果……，就……；但如果……，……""……，如果……，但也……" and so on. The construction "……，不然（/否则）（的话）……" is used to emphasize the significance of a transitional condition. The constructions "如果……，……；但如果……，就……""如果……，就……；但如果……，……" are used to lay stress on transition by contrast. And the construction "……，如果……，但也……" is used to emphasize transition by concession. For example:

（1）分开以后，大家各得其所，互不干扰；否则硬凑在一起，双方都不自在。

（2）老年人再婚，也只是说生活上需要照顾，不谈感情上需要弥补，否则就会被人笑话。

（3）如果我能够得到这笔钱，那很好；但如果清洁工阿姨能得到这笔钱，那就更好了。

（4）如果他同意，这事儿就好办了；但如果他不同意，那怎么办呢？

（5）七八十岁的老人不能去旅游，如果去，也不能一个人去。

第十课 中国概况

Dì-shí kè

一 课文 Text

中华人民共和国位于亚洲东部、太平洋西岸。陆地领土面积约960万平方公里，居世界第三位，东西约有5200公里，南北约有5500公里。当最北方的黑龙江省正是冰天雪地的时候，南方的海南省却是鲜花遍地、树木常青的热带景象；当东部的沿海渔民早晨下海捕鱼时，西部边疆的牧民还在深夜里睡得正香。

中国有4个直辖市、23个省、5个自治区和2个特别行政区。首都北京是国家政治中心和文化中心。全国人口14亿多，大约占世界总人口的18%。中国还是个多民族国家，56个民族团结友爱，平等互助，共同繁荣，共同发展，就像亲兄弟一样，生活在一个大家庭里。

打开中国地图，你会看到很多高原、山脉、平原、沙漠和大江大河，还会发现中国地形的明显特点是西部高、东部低，由西向东，就像下台阶一样越走越低。长江和黄河是中国最长的两条河，长江全长6300多公里，黄河全长5400多公里。它们是中华民族的摇篮。

中国有着悠久的历史和文化。从公元前2000多年到现在，中国经历了很多朝代，有着许多重要的发明创造和文学艺术成就，对人类的进步做出了重要的贡献。当前，中国人民正在全力以赴发展经济，改善生态环境。我们将继续同世界各国人民一道推动构建人类命运共同体。

生词 New words

1. 概况	（名）	gàikuàng	general situation
2. 位于	（动）	wèiyú	to be located, to lie
3. 岸	（名）	àn	bank, coast, shore
4. 陆地	（名）	lùdì	land, dryland
5. 领土	（名）	lǐngtǔ	territory
6. 居		jū	to be in a certain position
7. 冰天雪地		bīngtiān-xuědì	to be all covered with ice and snow
8. 遍地	（动）	biàndì	to be everywhere
9. 热带	（名）	rèdài	torrid zone, tropics
10. 沿海	（名）	yánhǎi	coastal areas
11. 渔民	（名）	yúmín	fisherman
12. 下海	（动）	xiàhǎi	to go fishing
13. 捕鱼		bǔ yú	to catch fish, to fish
捕	（动）	bǔ	to catch, to seize
14. 深夜	（名）	shēnyè	late at night
15. 香	（形）	xiāng	sound
16. 直辖市	（名）	zhíxiáshì	municipality directly under the Central Government
直辖	（动）	zhíxiá	to be directly under the jurisdiction of
17. 自治区	（名）	zìzhìqū	autonomous region
自治	（动）	zìzhì	to autonomously govern
18. 特别行政区		tèbié xíngzhèngqū	special administrative region
19. 政治	（名）	zhèngzhì	politics
20. 中心	（名）	zhōngxīn	centre
21. 友爱	（形）	yǒu'ài	friendly and loving
22. 互助	（动）	hùzhù	to help each other
23. 亲	（形）	qīn	related by blood
24. 兄弟	（名）	xiōngdì	brothers
25. 山脉	（名）	shānmài	mountain range
26. 平原	（名）	píngyuán	plain
27. 沙漠	（名）	shāmò	desert
28. 地形	（名）	dìxíng	topography

29. 明显	（形）	míngxiǎn	obvious
30. 摇篮	（名）	yáolán	cradle
31. 成就	（名）	chéngjiù	achievement
32. 人民	（名）	rénmín	the people
33. 全力以赴		quánlìyǐfù	to go all out, to do all in one's power
34. 生态	（名）	shēngtài	ecology
35. 一道	（副）	yídào	together
36. 推动	（动）	tuīdòng	to push forward, to promote
37. 构建	（动）	gòujiàn	to structure
38. 命运	（名）	mìngyùn	destiny, fate
39. 共同体	（名）	gòngtóngtǐ	community

补充词汇 Supplementary words

1. 民间	（名）	mínjiān	folk, among the people
2. 人间	（名）	rénjiān	man's world, the world
3. 权力	（名）	quánlì	power, authority
4. 想象	（动）	xiǎngxiàng	to imagine, to visualize
5. 形象	（名）	xíngxiàng	image, form, figure
6. 神话	（名）	shénhuà	mythology, myth
7. 耳（朵）	（名）	ěr (duo)	ear
8. 皇帝	（名）	huángdì	emperor
9. 丰收	（动）	fēngshōu	to have a bumper harvest
10. 特征	（名）	tèzhēng	feature, characteristic, trait
11. 狮（子）	（名）	shī (zi)	lion
12. 流传	（动）	liúchuán	to hand down, to spread
13. 神	（名）	shén	god, divinity
14. 刻	（动）	kè	to carve, to cut
15. 存在	（动）	cúnzài	to exist, to be
16. 计算	（动）	jìsuàn	to count, to calculate
17. 海洋	（名）	hǎiyáng	ocean
18. 生肖	（名）	shēngxiào	any of the twelve animals, representing the twelve Earthly Branches and used to symbolize the year in which a person is born

19. 资源	（名）	zīyuán	resource, natural resources
20. 扇	（量）	shàn	a measure word for windows and doors, etc.
21. 传人	（名）	chuánrén	successor, descendant

专名 Proper nouns

1. 太平洋	Tàipíng Yáng	the Pacific Ocean
2. 黑龙江省	Hēilóngjiāng Shěng	name of a province
3. 海南省	Hǎinán Shěng	name of a province
4. 长江	Cháng Jiāng	the Changjiang River
5. 中华民族	Zhōnghuá Mínzú	the Chinese Nation
6. 太和殿	Tàihé Diàn	the Hall of Supreme Harmony

三 课堂练习 Exercises

（一）语音

1. 辨音辨调

| yímín | 移民 | zhèngzhí | 正直 | mínjiān | 民间 |
| yúmín | 渔民 | zhèngzhì | 政治 | rénjiān | 人间 |

| quánlì | 权力 | xiǎngxiàng | 想象 | shēnhuà | 深化 |
| qiánlì | 潜力 | xíngxiàng | 形象 | shénhuà | 神话 |

2. 朗读小诗

看天

天上月亮圆又圆，好像是个大银盘。

我要乘风飞上去，把你当作大轮船。

天上星星亮晶晶，好像一盏大明灯。

我要乘风飞上去，把你摘下来照明。

> 天上银河长又长，绵绵万里像长江。
> 我要乘风飞上去，看看那里好风光。

（二）词语

从本课生词表中选择合适的词语填空

(1) 中国南方的一些省属于（shǔyú, to belong to）_____气候，北方属于温带气候。

(2) 上海_____中国的东部，是中国最大的_____城市。

(3) 我的叔叔是个_____，每天下海_____鱼。

(4) 北京、天津、上海、重庆四个城市是_____市。

(5) 我们班的同学团结_____，像一家人一样_____。

(6) 中国_____的特点是西高东低，西部是_____和高原，东部是大_____。

(7) 快期末考试了，同学们正_____准备考试，每天复习到_____。

(8) 山本正想当公务员，他对_____很感兴趣。

(9) 长江和黄河是中华民族的_____。

(10) 我们班成立会话互助小组以后，大家的交际能力有了_____的提高。

(11) 艾米画的熊猫大脑袋、黑眼睛、小_____，它的_____真可爱。

(12) 在封建社会，皇帝有最高的_____。

(13) 这个省重视发展农业，今年的粮食又获得了_____。

(14) 很难_____，这幅画儿是个10岁的孩子画的。

(15) 这个孩子的_____力十分丰富，他画的是孩子们骑着龙去月亮上旅游。

(16) 你丢的自行车有什么_____？

(17) 很多公园的门口都有两个大的石_____。

(18) 这个爱情故事从古代一直_____到今天。

(19) 在_____流传的_____故事中，有很多神的形象。

(20) 贝拉买了小刀（dāo，knife）和石头，要学习_____字。

(21) 嫦娥不喜欢在月亮上生活，她想回到_____来。

(22) 不管你承认不承认，这些缺点确实是_____的。

(23) 如果每个人每天浪费一点儿粮食，那么全国那么多人一年要浪费多少粮食？请你_____一下。

(24) 地球上_____的面积没有_____大。

(25) 龙是十二_____之一。

(26) 这条河的两_____种了很多树。

(27) 中国有很多名胜古迹，也有很多自然风景十分优美的地方，旅游_____非常丰富。

（三）句型

填空

(1) A：你要几张票？

　　B：有几张_____几张。

(2) A：你买几张地图？

　　B：有几张_____几张。

(3) A：这是我们的新产品，你们要多少？

　　B：有多少_____多少。

(4) A：这儿有馒头、米饭、饺子、面条儿，你吃什么？

　　B：你_____什么我_____什么。

(5) A：今天的联欢会只有中国学生才能参加吗？

　　B：不是，谁愿意_____谁_____。

(6) A：请问，进酒吧要买票吗？

　　B：不要，谁愿意_____谁_____。

(7) A：这两个公园都很漂亮，你想去哪儿？

　　B：哪儿近_____哪儿。

（8）A：这两件毛衣颜色、质量都很好，你买哪件？

B：哪件便宜＿＿＿＿＿＿＿哪件。

（四）功能会话：听后模仿

1. 肯定

（1）A：你怎么没提醒他呢？

B：我不是没提醒他，是他不想来。

（2）A：他是不是不喜欢锻炼？

B：他不是不喜欢锻炼，而是今天有点儿感冒，所以没去操场。

（3）A：他可能不知道集合的地点。

B：我不相信他不知道。

2. 两非

（1）A：这里的环境不错吧？

B：哪儿啊，从早到晚吵吵嚷嚷的，闹得人心烦，既学习不了，也睡不着觉。

（2）A：你喜欢游泳和滑冰吗？

B：我既不喜欢游泳，也不喜欢滑冰。

3. 询问人或物的来源

（1）A：他是从哪儿来的？

B：他是从美国来的。

（2）A：这件衣服是从哪儿买来的？

B：不是我买的，是我姐姐送给我的。

（3）A：他毕业于哪所大学？

B：他毕业于北京大学。

（4）A：茶最早产于哪个国家？

B：茶最早产于中国。

4. 询问条件

(1) A：学习外语，怎样才能进步快呢？

B：多实践。

(2) A：怎样才能保持企业的信誉呢？

B：不断提高产品的质量。

5. 询问结果

(1) A：那个地方可去不得！

B：如果去了，会怎么样呢？

(2) A：他要是不愿意参加比赛，怎么办？

B：再找别人。

6. 评议人或物

(1) A：你家离这儿远吗？

B：我家离这儿远着呢。

(2) A：那儿的物价高不高？

B：那儿的物价高着呢。

(3) A：这件上衣怎么样？

B：颜色不错，样子也很好。

(4) A：程东是一个什么样的小伙子？

B：他是一个爱说爱笑的小伙子，高高的个子，浓眉大眼，看上去像个运动员。

(5) A：许小丽呢？

B：许小丽苗条，漂亮，是个心灵手巧的姑娘。

7. 出乎意料

(1) A：这种药，广告上说效果不错，可实际上效果并不明显。

B：不会吧，我用过，效果很好。

(2) A：他平时成绩不错，不过这次期末考试没考好。

　　B：真没想到，这太出乎意料了。

(3) A：冬冬得的不是感冒，是白血病，最多只能活六个月。

　　B：什么？我们的孩子只能活六个月？这绝对不可能。

(4) A：冬冬得了白血病，最多只能活六个月。

　　B：这怎么可能呢？他平时多活泼可爱呀！

(5) A：冬冬得的不是白血病，是感冒。

　　B：什么？！不是白血病？！是感冒？！

8. 补充说明理由

(1) A：这月饼包装上没有生产日期，也没有保质期，我们不要了。

　　B：这月饼是刚进的货，保证没有质量问题。再说，我们卖出去的食品一律不退。

(2) A：咱们再买两个西瓜吧？

　　B：你看，这么多东西，都拿不了了。再说，买得太多也吃不了哇。

（五）成段表达

请谈谈你对中国的了解。

四 家庭作业 Homework

（一）词语

用下列生词至少组成两个短语

(1) 位于：＿＿＿＿ ＿＿＿＿　　(2) 扇：＿＿＿＿ ＿＿＿＿

(3) 刻：＿＿＿＿ ＿＿＿＿　　　(4) 捕：＿＿＿＿ ＿＿＿＿

(5) 计算：＿＿＿＿ ＿＿＿＿　　(6) 存在：＿＿＿＿ ＿＿＿＿

(7) 流传：_____ _____　　(8) 神：_____ _____

(9) 明显：_____ _____　　(10) 沿海：_____ _____

(11) 想象：_____ _____　　(12) 岸：_____ _____

（二）句型

完成句子

(1) 有时间才能_____。

(2) 有准备才能_____。

(3) 有地址才能_____。

(4) 身体好才能_____。

(5) 听得准才能_____。

(6) 下了课才能_____。

(7) 考试及格才能_____。

(8) 试验做完才能_____。

(9) 他想要又_____。

(10) 他想吃又_____。

(11) 他想学又_____。

(12) 他想去又_____。

(13) 他想笑又_____。

(14) 他想参加又_____。

(15) 他想去旅行又_____。

(16) 他想扭秧歌又_____。

(17) 你不同意也_____。

(18) 你不喜欢也_____。

(19) 你身体好也_____。

(20) 你身体不好也_____。

(21) 你没学过也_____。

(22) 你做完了也_____。

(23) 你说了一遍也＿＿＿＿＿＿。
(24) 你买了那本书也＿＿＿＿＿＿。
(25) 我去不去都＿＿＿＿＿＿。
(26) 我去哪儿都＿＿＿＿＿＿。
(27) 我跟谁去都＿＿＿＿＿＿。
(28) 我哪天去都＿＿＿＿＿＿。
(29) 我坐什么车去都＿＿＿＿＿＿。
(30) 我住多长时间他们都＿＿＿＿＿＿。
(31) 我怎么解释他都＿＿＿＿＿＿。
(32) 我问什么问题白老师都＿＿＿＿＿＿。

（三）阅读

龙的传人

朋友，你听过《龙的传人》这首歌吗？其中有一段歌词写得非常好："古老的东方有一条龙，它的名字就叫中国；古老的东方有一群人，他们全都是龙的传人。"

自古以来，龙被当作中国的象征。在中国大地上，你经常可以看到龙的形象。它集中了多种动物的特征：狮鼻、牛耳、鹿（lù，deer）角、马脸、蛇身、鱼鳞（lín，fish scale）、鹰爪（yīngzhǎo，hawk claw）。其实，真正的龙是什么样子，谁也没见过。龙是古代中国人想象出来的。据考古学家（kǎogǔxuéjiā，archaeologist）研究，早在6000年以前，龙的形象就已经出现了。中国人世世代代把龙看作"神"，认为它会给人间带来雨水，使农业年年丰收。

可是，中国进入封建社会以后，龙就成为皇帝权力的象征。皇帝自称"真龙天子"，皇帝的身体叫"龙体"，皇帝的衣服叫"龙袍（lóngpáo，dragon robe）"，皇帝睡觉用的床叫"龙床"，皇帝的子孙叫"龙子龙孙"。皇帝住的地方到处都有龙的形象。你一定去过故宫吧？故宫真可以说是龙的世界！有位细心的中国人数了一下故宫太和殿门窗上的龙,就有3054条。故宫的太和殿有40扇门,每扇门有5条木刻的龙。此外,门上和窗户上还有很多画的龙,加起来总共3054条。故宫有9000多间房子,每个房间以5条龙计算,那么整个故宫有多少条龙呢?

中国的老百姓并不喜欢代表皇权的龙,他们喜欢<u>自己心目中</u>的龙,因为他们心目中的龙能为人们带来吉祥和欢乐。在<u>喜庆的日子</u>里,人们<u>喜欢舞龙灯、赛龙舟</u>。另外,民间流传着很多有关"龙"的神话故事,比如"画龙点睛""叶公好龙""龙生九子""黑龙战白龙""鲤鱼跳龙门"等等。对了,龙还是十二生肖中的一种呢。

今天,代表皇权的龙已经不存在了。但是,"龙"仍然是中华民族的象征。

1. 根据上下文解释下列词语的意思
   (1) 歌词——
   (2) 自称——
   (3) 真龙天子——
   (4) 皇权——
   (5) 自己心目中——
   (6) 喜庆的日子——
   (7) 舞龙灯、赛龙舟——

2. 回答问题
   (1) 为什么说龙集中了多种动物的特征,是个可爱的形象?
   (2) 为什么在故宫到处可以看到龙的形象?
   (3) 老百姓喜欢什么样的龙?
   (4) 为什么说"龙"是中华民族的象征?
   (5) 你喜欢龙吗?为什么?

（四）写作

请谈谈你来中国学习的收获和体会并写下来。

五 语法 Grammar

紧缩复句　Compressive complex sentence

以单句的形式表达复句内容的句子，称为紧缩复句。这种句子的特点是两个分句之间没有语音停顿，书面上不用逗号隔开，"要是（/如果）""就是（/哪怕/即使）""不管（/无论）""只有"等连词常被省略。常见的格式有"……才（/又/也/都/就）……""……一个（/几个/多少）……一个（/几个/多少）""……什么（/谁/哪儿）……什么（/谁/哪儿）""一……就……""不（/没）……也……""再……也……""不……不……""非……不……""越……越……"等。例如：

The sentence into which two clauses are compressed is called a compressive complex sentence. Such a sentence is a simple sentence in form but a complex sentence in content. The features of this kind of sentence are as follows: firstly, there is not any pause between the two clauses when the sentence is spoken; secondly, no comma is used in writing; thirdly, the conjunctions such as "要是（/如果）""就是（/哪怕/即使）""不管（/无论）""只有" are often omitted. The constructions often used are "……才（/又/也/都/就）……""……一个（/几个/多少）……一个（/几个/多少）……""……什么（/谁/哪儿）……什么（/谁/哪儿）""一……就……""不（/没）……也……""再……也……""不……不……""非……不……""越……越……" and so on. For example:

（1）有能力才能干好工作。

（2）我怕见他又不能不见他。

（3）我穷死也不借你的钱。

（4）你去不去都行。

第十课　中国概况

（5）你有话就说。

（6）多一个朋友多一条路。

（7）有几个算几个。

（8）有多少买多少。

（9）你吃什么我吃什么。

（10）你邀请谁我邀请谁。

（11）你去哪儿我去哪儿。

（12）他一感冒就咳嗽。

（13）这个道理不说也懂。

（14）没票也可以进。

（15）困难再多也得干。

（16）你不去不行。

（17）我非去不可。

（18）中国地形的明显特点是西部高、东部低，由西向东，就像下台阶一样越走越低。

Glossary 词汇总表

A			
安定	（形）	āndìng	9
安心	（形）	ānxīn	5
岸	（名）	àn	10
案		àn	4
B			
白	（副）	bái	5
白领	（名）	báilǐng	2
拜拜	（动）	báibái	2
败	（动）	bài	3
扮演	（动）	bànyǎn	4
伴侣	（名）	bànlǚ	1
伴奏	（动）	bànzòu	6
包围	（动）	bāowéi	4
宝石	（名）	bǎoshí	1
保持	（动）	bǎochí	3
保密	（动）	bǎomì	5
报警	（动）	bàojǐng	5
背地里	（名）	bèidìli	5
本人	（代）	běnrén	2
比例	（名）	bǐlì	5
彼此	（代）	bǐcǐ	6
避免	（动）	bìmiǎn	4
边疆	（名）	biānjiāng	1
鞭（子）	（名）	biān(zi)	1
遍地	（动）	biàndì	10
表明	（动）	biǎomíng	9
表情	（名）	biǎoqíng	8

别提	（动）	biétí	5
冰天雪地		bīngtiān-xuědì	10
病历	（名）	bìnglì	8
病情	（名）	bìngqíng	8
拨	（动）	bō	4
不败之地		búbàizhīdì	3
不幸	（形）	búxìng	8
捕	（动）	bǔ	10
捕鱼		bǔ yú	10
不管	（连）	bùguǎn	2
不禁	（副）	bùjīn	3
不久	（形）	bùjiǔ	8
不言而喻		bùyán'éryù	5
C			
采取	（动）	cǎiqǔ	5
残疾人	（名）	cánjírén	2
残疾	（名）	cánji	2
藏	（动）	cáng	6
草地	（名）	cǎodì	1
测试	（动）	cèshì	5
差	（形）	chà	3
单于	（名）	chányú	1
产生	（动）	chǎnshēng	9
长久	（形）	chángjiǔ	6
肠癌	（名）	cháng'ái	8
抄	（动）	chāo	4
车祸	（名）	chēhuò	2
趁	（介）	chèn	7
成本	（名）	chéngběn	3

成家	(动)	chéngjiā	5
成就	(名)	chéngjiù	10
承担	(动)	chéngdān	9
城乡	(名)	chéngxiāng	9
乘	(动)	chéng	1
吃惊	(动)	chījīng	8
冲突	(动)	chōngtū	6
重	(副)	chóng	4
重重	(形)	chóngchóng	5
抽奖	(动)	chōujiǎng	9
筹备	(动)	chóubèi	9
出厂	(动)	chūchǎng	3
出丑	(动)	chūchǒu	7
出嫁	(动)	chūjià	2
初犯	(动、名)	chūfàn	2
初期	(名)	chūqī	5
除非	(连)	chúfēi	9
橱窗	(名)	chúchuāng	8
传人	(名)	chuánrén	10
创办	(动)	chuàngbàn	3
春秋	(名)	chūnqiū	7
醇香	(形)	chúnxiāng	6
慈祥	(形)	cíxiáng	6
此后	(名)	cǐhòu	2
凑	(动)	còu	9
窜	(动)	cuàn	7
存在	(动)	cúnzài	10
D			
搭	(动)	dā	5
大力	(副)	dàlì	9
大量	(形)	dàliàng	1
大嫂	(名)	dàsǎo	1
带领	(动)	dàilǐng	3
蛋白	(名)	dànbái	6
蛋黄	(名)	dànhuáng	6
当面	(副)	dāngmiàn	5
当前	(名)	dāngqián	3
祷告	(动)	dǎogào	9
到账	(动)	dàozhàng	5
盗窃	(动)	dàoqiè	4
道	(动)	dào	2
得意	(形)	déyì	3
登记	(动)	dēngjì	5
敌人	(名)	dírén	7
地板	(名)	dìbǎn	4
地位	(名)	dìwèi	5
地形	(名)	dìxíng	10
电信	(名)	diànxìn	5
爹	(名)	diē	5
丢面子		diū miànzi	7
懂得	(动)	dǒngde	6
嘟	(拟声)	dū	4
独角戏	(名)	dújiǎoxì	6
独自	(副)	dúzì	5
堵	(动)	dǔ	4
……度		…dù	3
对方	(名)	duìfāng	2
对了	(动)	duìle	4
对儿	(量)	duìr	8
对应	(动)	duìyìng	4
顿时	(副)	dùnshí	7
夺	(动)	duó	2
E			
儿科	(名)	érkē	8
儿童	(名)	értóng	3
儿媳妇儿	(名)	érxífur	5
耳（朵）	(名)	ěr(duo)	10
饵料	(名)	ěrliào	7

		F	
发表	(动)	fābiǎo	8
法院	(名)	fǎyuàn	2
番	(量)	fān	5
翻	(动)	fān	4
翻搅	(动)	fānjiǎo	9
凡	(副)	fán	3
凡是	(副)	fánshì	3
烦恼	(形)	fánnǎo	7
反倒	(副)	fǎndào	4
犯	(动)	fàn	2
犯罪	(动)	fànzuì	2
方式	(名)	fāngshì	6
防守	(动)	fángshǒu	7
防止	(动)	fángzhǐ	8
纺织	(动)	fǎngzhī	8
放松	(动)	fàngsōng	7
飞翔	(动)	fēixiáng	1
分发	(动)	fēnfā	3
分离	(动)	fēnlí	9
分手	(动)	fēnshǒu	8
丰富多彩		fēngfù-duōcǎi	9
丰收	(动)	fēngshōu	10
风趣	(名、形)	fēngqù	6
封建	(名、形)	fēngjiàn	5
逢	(动)	féng	4
逢年过节		féngnián-guòjié	4
否则	(连)	fǒuzé	9
抚养	(动)	fǔyǎng	5
负担	(动、名)	fùdān	5
富裕	(形)	fùyù	9
		G	
改行	(动)	gǎiháng	4
改嫁	(动)	gǎijià	2
概况	(名)	gàikuàng	10
干杯	(动)	gānbēi	1
干扰	(动)	gānrǎo	9
竿（子）	(名)	gān(zi)	7
高才生	(名)	gāocáishēng	2
高等	(形)	gāoděng	2
高原	(名)	gāoyuán	1
高中	(名)	gāozhōng	2
隔壁	(名)	gébì	2
各得其所		gèdé-qísuǒ	9
工具	(名)	gōngjù	4
供	(动)	gōng	2
供不应求		gōngbúyìngqiú	3
共同体	(名)	gòngtóngtǐ	10
沟通	(动)	gōutōng	6
钩	(名、动)	gōu	7
构成	(动)	gòuchéng	1
构建	(动)	gòujiàn	10
孤独	(形)	gūdú	6
鼓	(名)	gǔ	6
鼓励	(动)	gǔlì	8
挂	(动)	guà	4
乖	(形)	guāi	8
拐（杖）	(名)	guǎi(zhàng)	2
怪	(动)	guài	5
冠军	(名)	guànjūn	7
光荣	(形)	guāngróng	4
广	(形)	guǎng	7
规矩	(名)	guīju	9
规律	(名、形)	guīlǜ	6
国内	(名)	guónèi	3
过瘾	(形)	guòyǐn	7

		H	
海外	（名）	hǎiwài	6
海洋	（名）	hǎiyáng	10
含	（动）	hán	5
好	（动）	hǎo	2
好客	（形）	hàokè	1
合同	（名）	hétong	3
何	（代）	hé	6
何处		hé chù	6
和风细雨		héfēng-xìyǔ	6
和睦	（形）	hémù	6
和平	（名）	hépíng	1
和谐	（形）	héxié	3
核心	（名）	héxīn	9
核心化	（动）	héxīnhuà	9
狠	（副）	hěn	3
恨	（动）	hèn	2
忽视	（动）	hūshì	9
胡思乱想		húsī-luànxiǎng	8
互助	（动）	hùzhù	10
化妆	（动）	huàzhuāng	6
患	（动）	huàn	6
皇帝	（名）	huángdì	10
黄土	（名）	huángtǔ	3
挥	（动）	huī	1
挥动	（动）	huīdòng	1
混	（动）	hùn	8
活泼	（形）	huópo	8
火把	（名）	huǒbǎ	1
火热	（形）	huǒrè	8
祸	（名）	huò	5
		J	
机动	（形）	jīdòng	7
机关	（名）	jīguān	2
基金	（名）	jījīn	9
激烈	（形）	jīliè	3
级	（量）	jí	7
即使……也……		jíshǐ…yě…	5
集中	（形、动）	jízhōng	9
计算	（动）	jìsuàn	10
坚定	（动、形）	jiāndìng	8
检验	（动）	jiǎnyàn	3
减轻	（动）	jiǎnqīng	5
减退	（动）	jiǎntuì	7
减刑	（动）	jiǎnxíng	2
见闻	（名）	jiànwén	1
健美	（形、名）	jiànměi	6
健美操	（名）	jiànměicāo	6
渐渐	（副）	jiànjiàn	8
奖金	（名）	jiǎngjīn	3
奖励	（动）	jiǎnglì	3
降低	（动）	jiàngdī	3
狡猾	（形）	jiǎohuá	7
缴	（动）	jiǎo	3
较量	（动）	jiàoliàng	7
教训	（动、名）	jiàoxun	2
阶层	（名）	jiēcéng	2
节假日	（名）	jiéjiàrì	8
节俭	（形）	jiéjiǎn	4
结构	（名）	jiégòu	9
结识	（动）	jiéshí	4
解说	（动）	jiěshuō	4
今后	（名）	jīnhòu	5
金牌	（名）	jīnpái	7
津津有味		jīnjīn-yǒuwèi	8
紧密	（形）	jǐnmì	6
尽情	（副）	jìnqíng	6
进攻	（动）	jìngōng	7
近邻	（名）	jìnlín	4

惊	（动）	jīng	2
惊慌	（形）	jīnghuāng	7
竞争	（动）	jìngzhēng	3
就是……也……		jiùshì…yě…	5
居		jū	10
居民	（名）	jūmín	2
居委会	（名）	jūwěihuì	2
居住	（动）	jūzhù	1
具体	（形）	jùtǐ	9
具有	（动）	jùyǒu	9
聚集	（动）	jùjí	6

K			
开解	（动）	kāijiě	5
康复	（动）	kāngfù	8
可惜	（形）	kěxī	2
刻	（动）	kè	10
扣	（动）	kòu	3
款待	（动）	kuǎndài	1
愧疚	（形）	kuìjiù	5

L			
老伴儿	（名）	lǎobànr	5
老两口儿	（名）	lǎoliǎngkǒur	4
老龄化	（动）	lǎolínghuà	9
老年	（名）	lǎonián	5
老顽童	（名）	lǎowántóng	6
乐观	（形）	lèguān	6
累计	（动）	lěijì	3
泪流满面		lèiliú-mǎnmiàn	6
离开	（动）	líkāi	2
鲤鱼	（名）	lǐyú	7
力量	（名）	lìliang	6
力所能及		lìsuǒnéngjí	5
立功	（动）	lìgōng	4

立于	（动）	lìyú	3
立于不败之地		lìyú búbàizhīdì	3
利润	（名）	lìrùn	3
连连	（副）	liánlián	3
联合	（形、动）	liánhé	9
联欢	（动）	liánhuān	6
联欢会	（名）	liánhuānhuì	6
林荫	（名）	línyīn	6
林荫道	（名）	línyīndào	6
临终	（动）	línzhōng	6
灵	（形）	líng	8
灵便	（形）	língbian	5
凌晨	（名）	língchén	4
零花	（动、名）	línghuā	5
领土	（名）	lǐngtǔ	10
流传	（动）	liúchuán	10
露	（动）	lòu/lù	7
露一手		lòu yìshǒu	7
陆地	（名）	lùdì	10
录用	（动）	lùyòng	8
论	（介）	lùn	7
论文	（名）	lùnwén	8
锣	（名）	luó	6

M			
满	（副）	mǎn	3
眉	（名）	méi	8
美人	（名）	měirén	1
蒙古包	（名）	měnggǔbāo	1
弥补	（动）	míbǔ	5
迷人	（形）	mírén	1
免得	（连）	miǎnde	2
免费	（动）	miǎnfèi	3

词汇总表　123

面朝黄土背朝天		miàn cháo huángtǔ bèi cháo tiān	3
面孔	(名)	miànkǒng	6
民间	(名)	mínjiān	10
名副其实		míngfùqíshí	9
明显	(形)	míngxiǎn	10
命运	(名)	mìngyùn	10
模范	(名)	mófàn	1
模式	(名)	móshì	9
默契	(名、形)	mòqì	6
目标	(名)	mùbiāo	4
募集	(动)	mùjí	9
墓	(名)	mù	1
N			
脑子	(名)	nǎozi	2
能干	(形)	nénggàn	3
鸟	(名)	niǎo	1
扭	(动)	niǔ	6
扭秧歌		niǔ yāngge	6
农产品	(名)	nóngchǎnpǐn	3
浓眉	(名)	nóngméi	8
O			
噢	(叹)	ō	4
P			
判	(动)	pàn	2
配合	(动)	pèihé	8
疲劳	(形)	píláo	7
飘	(动)	piāo	1
平原	(名)	píngyuán	10
泼	(动)	pō	1
朴实	(形)	pǔshí	1
普遍	(形)	pǔbiàn	8

Q			
齐	(副、形)	qí	1
齐声	(副)	qíshēng	1
棋盘	(名)	qípán	7
棋子儿	(名)	qízǐr	7
企业家	(名)	qǐyèjiā	3
牵	(动)	qiān	5
桥梁	(名)	qiáoliáng	6
巧	(形)	qiǎo	8
撬	(动)	qiào	4
亲	(形)	qīn	10
亲近	(形)	qīnjìn	6
亲密	(形)	qīnmì	8
轻声	(名)	qīngshēng	6
倾向	(名)	qīngxiàng	9
清洁	(形)	qīngjié	9
清洁工	(名)	qīngjiégōng	9
情节	(名)	qíngjié	2
圈	(名)	quān	4
权力	(名)	quánlì	10
全力以赴		quánlìyǐfù	10
劝	(动)	quàn	2
劝告	(名)	quàngào	4
群	(名)	qún	4
R			
然而	(连)	rán'ér	7
热爱	(动)	rè'ài	8
热带	(名)	rèdài	10
热恋	(动)	rèliàn	8
人间	(名)	rénjiān	10
人民	(名)	rénmín	10
人手	(名)	rénshǒu	4
忍	(动)	rěn	2

忍不住		rěnbuzhù	2
忍住		rěnzhù	2
任务	(名)	rènwu	8
仍	(副)	réng	4
仍然	(副)	réngrán	4
如	(动)	rú	1
如此	(代)	rúcǐ	6
如何	(代)	rúhé	3

S

三下两下		sān xià liǎng xià	4
沙漠	(名)	shāmò	10
山脉	(名)	shānmài	10
扇	(量)	shàn	10
善于	(动)	shànyú	1
赡养	(动)	shànyǎng	9
商人	(名)	shāngrén	3
上当	(动)	shàngdàng	5
上钩	(动)	shànggōu	7
上级	(名)	shàngjí	4
上缴	(动)	shàngjiǎo	3
少数	(名)	shǎoshù	1
少数民族		shǎoshù mínzú	1
少	(名)	shào	6
社会保险		shèhuì bǎoxiǎn	9
社会科学院		shèhuì kēxuéyuàn	9
身边	(名)	shēnbiān	4
身心	(名)	shēnxīn	5
深入浅出		shēnrù-qiǎnchū	9
深夜	(名)	shēnyè	10
什么的	(助)	shénmede	5
神	(名)	shén	10
神话	(名)	shénhuà	10
神秘	(形)	shénmì	5
生命	(名)	shēngmìng	6
生态	(名)	shēngtài	10
生肖	(名)	shēngxiào	10
生育	(动)	shēngyù	9
生育率	(名)	shēngyùlǜ	9
省吃俭用		shěngchī-jiǎnyòng	2
省会	(名)	shěnghuì	1
胜	(动)	shèng	7
盛大	(形)	shèngdà	1
盛情	(名)	shèngqíng	1
失误	(动)	shīwù	8
狮（子）	(名)	shī(zi)	10
实行	(动)	shíxíng	8
示范	(动)	shìfàn	7
事迹	(名)	shìjì	3
手下	(名)	shǒuxià	3
熟悉	(动)	shúxi	6
数据	(名)	shùjù	9
双拐	(名)	shuāngguǎi	2
双休日	(名)	shuāngxiūrì	8
水库	(名)	shuǐkù	7
税金	(名)	shuìjīn	3
顺手	(副)	shùnshǒu	9
思想	(名)	sīxiǎng	6
四方	(名)	sìfāng	1
素质	(名)	sùzhì	2
虽说	(连)	suīshuō	2
所	(助)	suǒ	5

T

叹气	(动)	tànqì	2
特别行政区		tèbié xíngzhèngqū	10

特点	(名)	tèdiǎn	8
特征	(名)	tèzhēng	10
提升	(动)	tíshēng	3
替	(动)	tì	2
天地	(名)	tiāndì	9
天伦	(名)	tiānlún	9
天伦之乐		tiānlúnzhīlè	9
天然	(形)	tiānrán	1
天真	(形)	tiānzhēn	8
通俗	(形)	tōngsú	9
通俗易懂		tōngsú yìdǒng	9
同班	(动)	tóngbān	8
铜牌	(名)	tóngpái	7
童心未泯		tóngxīn wèi mǐn	6
土	(名)	tǔ	1
团结	(形、动)	tuánjié	1
推动	(动)	tuīdòng	10
退休金	(名)	tuìxiūjīn	5
拖累	(动)	tuōlěi	8
脱贫	(动)	tuōpín	3

W			
娃	(名)	wá	9
外地	(名)	wàidì	3
玩具	(名)	wánjù	8
玩偶	(名)	wán'ǒu	3
万分	(副)	wànfēn	8
围棋	(名)	wéiqí	7
委员会	(名)	wěiyuánhuì	2
卫生间	(名)	wèishēngjiān	4
未婚夫	(名)	wèihūnfū	2
位于	(动)	wèiyú	10
物业	(名)	wùyè	4
雾霾	(名)	wùmái	6

X			
喜事	(名)	xǐshì	5
细胞	(名)	xìbāo	9
细心	(形)	xìxīn	8
下海	(动)	xiàhǎi	10
下降	(动)	xiàjiàng	9
下水道	(名)	xiàshuǐdào	4
贤惠	(形)	xiánhuì	2
显然	(形)	xiǎnrán	4
现象	(名)	xiànxiàng	5
线索	(名)	xiànsuǒ	4
乡村	(名)	xiāngcūn	3
乡镇	(名)	xiāngzhèn	3
乡镇企业		xiāngzhèn qǐyè	3
相依为命		xiāngyī-wéimìng	2
香	(形)	xiāng	10
响	(动)	xiǎng	1
想象	(动)	xiǎngxiàng	10
像	(名)	xiàng	2
消除	(动)	xiāochú	6
销售	(动)	xiāoshòu	2
小区	(名)	xiǎoqū	4
肖像	(名)	xiàoxiàng	2
笑呵呵	(形)	xiàohēhē	2
效率	(名)	xiàolǜ	8
效益	(名)	xiàoyì	3
心灵	(名)	xīnlíng	6
心灵手巧		xīnlíng-shǒuqiǎo	8
心眼儿	(名)	xīnyǎnr	2
欣喜	(形)	xīnxǐ	5
新手	(名)	xīnshǒu	7
信任	(动)	xìnrèn	6
信心	(名)	xìnxīn	7

刑警	（名）	xíngjǐng	4		优势	（名）	yōushì	3
形式	（名）	xíngshì	1		忧愁	（形）	yōuchóu	7
形象	（名）	xíngxiàng	10		幽默	（形）	yōumò	9
兴高采烈		xìnggāo-cǎiliè	9		友爱	（形）	yǒu'ài	10
性命	（名）	xìngmìng	2		有为	（动）	yǒuwéi	3
性质	（名）	xìngzhì	7		有限	（形）	yǒuxiàn	8
兄弟	（名）	xiōngdì	10		鱼竿	（名）	yúgān	7
修改	（动）	xiūgǎi	1		鱼漂	（名）	yúpiāo	7
宣战	（动）	xuānzhàn	7		鱼线	（名）	yúxiàn	7
旋律	（名）	xuánlǜ	6		渔民	（名）	yúmín	10
					渊博	（形）	yuānbó	9
	Y				原始	（形）	yuánshǐ	1
押	（动）	yā	4		远亲	（名）	yuǎnqīn	4
亚军	（名）	yàjūn	7		远亲不如近邻		yuǎnqīn bùrú jìnlín	4
沿海	（名）	yánhǎi	10		晕	（动）	yūn	8
眼看	（副）	yǎnkàn	7					
眼泪	（名）	yǎnlèi	2			**Z**		
秧歌	（名）	yāngge	6		灾	（名）	zāi	5
洋溢	（动）	yángyì	9		在于	（动）	zàiyú	6
痒	（形）	yǎng	7		在……之前		zài…zhīqián	7
摇篮	（名）	yáolán	10		噪声	（名）	zàoshēng	8
摇头	（动）	yáotóu	2		诈骗	（动）	zhàpiàn	5
要领	（名）	yàolǐng	7		展台	（名）	zhǎntái	3
业主	（名）	yèzhǔ	4		占	（动）	zhàn	4
一来……二来……		yī lái…èr lái…	5		占线	（动）	zhànxiàn	4
一道	（副）	yídào	10		战斗	（动、名）	zhàndòu	7
一向	（副）	yíxiàng	5		战士	（名）	zhànshì	7
以便	（连）	yǐbiàn	2		障碍	（名）	zhàng'ài	5
以免	（连）	yǐmiǎn	2		招商引资		zhāoshāng yǐnzī	1
异国他乡		yìguó tāxiāng	6		真相	（名）	zhēnxiàng	5
意识	（动）	yìshi	7		诊断	（动）	zhěnduàn	8
因素	（名）	yīnsù	9		振兴	（动）	zhènxīng	3
银牌	（名）	yínpái	7		震惊	（形）	zhènjīng	5
硬	（副）	yìng	9		争	（动）	zhēng	3
勇气	（名）	yǒngqì	8					

争相	(副)	zhēngxiāng	3
正当	(动)	zhèngdāng	8
政治	(名)	zhèngzhì	10
之所以	(连)	zhīsuǒyǐ	3
支援	(动)	zhīyuán	1
知名	(形)	zhīmíng	3
知名度	(名)	zhīmíngdù	3
织	(动)	zhī	8
直接	(形)	zhíjiē	6
直辖	(动)	zhíxiá	10
直辖市	(名)	zhíxiáshì	10
值	(动)	zhí	3
植物	(名)	zhíwù	1
指纹	(名)	zhǐwén	4
制止	(动)	zhìzhǐ	5
致富	(动)	zhìfù	3
中心	(名)	zhōngxīn	10
重点	(名)	zhòngdiǎn	3
竹竿	(名)	zhúgān	7
竹（子）	(名)	zhú(zi)	7
拄	(动)	zhǔ	2
助力	(动)	zhùlì	3
注重	(动)	zhùzhòng	3
专利	(名)	zhuānlì	8
转	(动)	zhuǎn	5
转换	(动)	zhuǎnhuàn	9
装置	(名)	zhuāngzhì	8
姿势	(名)	zīshì	6
资产	(名)	zīchǎn	3
资格	(名)	zīgé	4
资源	(名)	zīyuán	10
自信	(形)	zìxìn	7
自愿	(动)	zìyuàn	1
自在	(形)	zìzai	9
自治	(动)	zìzhì	10
自治区	(名)	zìzhìqū	10
字迹	(名)	zìjì	9
字里行间		zìlǐ-hángjiān	6
足	(副)	zú	7
罪	(名)	zuì	2
尊重	(动)	zūnzhòng	5
左右	(名)	zuǒyòu	7
作案	(动)	zuò'àn	4
作文	(名)	zuòwén	1
作者	(名)	zuòzhě	5
做操		zuò cāo	6

专名　Proper nouns

A		
爱华	Àihuá	1

B		
巴特尔	Bātè'ěr	1

C		
长江	Cháng Jiāng	10
程东	Chéng Dōng	8

D		
东方食品公司	Dōngfāng Shípǐn Gōngsī	3
杜	Dù	6

H		
海南省	Hǎinán Shěng	10
汉族	Hànzú	1
何美云	Hé Měiyún	2
黑龙江省	Hēilóngjiāng Shěng	10
红星纺织有限公司	Hóngxīng Fǎngzhī Yǒuxiàn Gōngsī	8
呼韩邪	Hūhányé	1

J		
江苏省	Jiāngsū Shěng	3
蒋明	Jiǎng Míng	3
《经济半小时》	Jīngjì Bàn Xiǎoshí	3

K		
昆明	Kūnmíng	1

L		
李梦原	Lǐ Mèngyuán	1
李山	Lǐ Shān	2
梁启超	Liáng Qǐchāo	6
梁思成	Liáng Sīchéng	6
吕成	Lǚ Chéng	5

M		
毛文广	Máo Wénguǎng	9
蒙古族	Měnggǔzú	1

P		
泼水节	Pōshuǐjié	1

S		
史朋	Shǐ Péng	2
史荣	Shǐ Róng	2

T		
太和殿	Tàihé Diàn	10
太平洋	Tàipíng Yáng	10
天成食品公司	Tiānchéng Shípǐn Gōngsī	3

W		
王朋	Wáng Péng	9
王昭君	Wáng Zhāojūn	1
沃尔玛	Wò'ěrmǎ	4
乌鲁木齐	Wūlǔmùqí	4

X		
西双版纳	Xīshuāngbǎnnà	1
向	Xiàng	7
匈奴	Xiōngnú	1
许小丽	Xǔ Xiǎolì	8

Y		
杨保中	Yáng Bǎozhōng	3
元旦	Yuándàn	9

Z		
张大年	Zhāng Dànián	4
张扬	Zhāng Yáng	4
中华民族	Zhōnghuá Mínzú	10

Glossary (Volume 1-Volume 7)
词汇总表（第1册—第7册）

A			
阿		ā	4-7
阿姨	（名）	āyí	4-7
啊	（叹）	ā	2-6
啊	（叹）	à	3-5
啊	（助）	a	4-1
哎	（叹）	āi	4-1
哎呀	（叹）	āiyā	2-6
挨	（动）	āi	7-8
挨	（动）	ái	7-6
癌（症）	（名）	ái(zhèng)	7-4
矮	（形）	ǎi	5-2
唉	（叹）	ài	7-3
爱	（动）	ài	5-2
爱好	（名）	àihào	3-6
爱面子		ài miànzi	5-10
爱情	（名）	àiqíng	5-4
爱人	（名）	àiren	3-2
安静	（形）	ānjìng	5-3
安排	（动）	ānpái	6-1
安全	（形）	ānquán	4-9
安全带	（名）	ānquándài	6-2
安慰	（动）	ānwèi	5-8
安装	（动）	ānzhuāng	7-2
按	（介）	àn	3-8
按时	（副）	ànshí	3-4
按照	（介）	ànzhào	3-8
澳元	（名）	àoyuán	6-10
AA制	（名）	AA zhì	6-1

B			
八	（数）	bā	1-1
把	（量）	bǎ	3-7
把	（介）	bǎ	4-8
爸爸	（名）	bàba	1-9
吧	（助）	ba	1-4
白	（形）	bái	1-9
白酒	（名）	báijiǔ	4-6
白天	（名）	báitiān	3-2
白头到老		báitóu-dàolǎo	3-10
百	（数）	bǎi	3-2
百货	（名）	bǎihuò	7-8
百科全书		bǎikē quánshū	6-6
摆	（动）	bǎi	7-5
班	（名）	bān	2-2
搬	（动）	bān	3-7
办	（动）	bàn	1-10
办法	（名）	bànfǎ	1-7
办公	（动）	bàngōng	2-1
办公室	（名）	bàngōngshì	3-8
办理	（动）	bànlǐ	6-9
半	（数）	bàn	2-8
半天	（数量）	bàntiān	2-10
半夜	（名）	bànyè	7-2
帮	（动）	bāng	1-4
帮忙	（动）	bāngmáng	5-1
帮助	（动）	bāngzhù	1-8
棒	（形）	bàng	6-10
包	（动）	bāo	3-5

包裹	（名）	bāoguǒ	3-5
包装	（名、动）	bāozhuāng	3-5
包子	（名）	bāozi	6-1
薄	（形）	báo	6-9
饱	（形）	bǎo	5-3
宝贝	（名）	bǎobei	6-10
宝库	（名）	bǎokù	6-8
保存	（动）	bǎocún	5-3
保护	（动）	bǎohù	6-8
保龄球	（名）	bǎolíngqiú	4-5
保卫	（动）	bǎowèi	5-8
保卫处	（名）	bǎowèichù	5-8
保证	（动）	bǎozhèng	4-4
保证书	（名）	bǎozhèngshū	4-4
保质期	（名）	bǎozhìqī	5-3
报	（名）	bào	3-5
报告	（动、名）	bàogào	7-10
报考	（动）	bàokǎo	7-3
报名	（动）	bàomíng	4-1
报站	（动）	bàozhàn	5-6
报纸	（名）	bàozhǐ	4-10
抱	（动）	bào	4-8
抱歉	（形）	bàoqiàn	4-2
杯	（量）	bēi	3-6
杯子	（名）	bēizi	5-1
背	（动）	bēi	4-8
悲痛	（形）	bēitòng	7-7
北	（名）	běi	3-1
北方	（名）	běifāng	3-5
北门	（名）	běimén	3-1
北面	（名）	běimiàn	4-2
备注	（名）	bèizhù	7-1
背	（名）	bèi	5-8
背后	（名）	bèihòu	7-2
倍	（量）	bèi	5-6
被	（介）	bèi	5-5
辈子	（名）	bèizi	5-7
奔	（动）	bēn	5-4
本	（量）	běn	2-2
本	（代）	běn	4-4
本	（副）	běn	7-8
本科	（名）	běnkē	7-3
本来	（副）	běnlái	7-8
本子	（名）	běnzi	2-2
笨	（形）	bèn	5-10
鼻子	（名）	bízi	2-9
比	（动）	bǐ	3-1
比	（介）	bǐ	5-2
比价	（名）	bǐjià	3-8
比较	（副）	bǐjiào	1-10
比较	（动）	bǐjiào	4-5
比如	（动）	bǐrú	5-2
比赛	（动）	bǐsài	3-1
笔	（名）	bǐ	2-2
笔	（量）	bǐ	6-6
笔记本	（名）	bǐjìběn	3-10
笔记本电脑		bǐjìběn diànnǎo	3-10
笔试	（动）	bǐshì	1-10
笔挺	（形）	bǐtǐng	7-10
必	（副）	bì	4-10
必须	（副）	bìxū	4-10
必需	（动）	bìxū	6-10
必需品	（名）	bìxūpǐn	6-10
毕竟	（副）	bìjìng	6-10
毕业	（动）	bìyè	4-4
碧螺春	（名）	bìluóchūn	6-7
扁	（形）	biǎn	6-1
变	（动）	biàn	5-2
变化	（名）	biànhuà	5-2

变迁	（动）	biànqiān	6-6
变质	（动）	biànzhì	7-4
便	（副）	biàn	7-1
遍	（动,量）	biàn	4-3
标签	（名）	biāoqiān	7-8
表	（名）	biǎo	1-6
表示	（动）	biǎoshì	4-10
表现	（动）	biǎoxiàn	7-3
表演	（动）	biǎoyǎn	3-9
表扬	（动）	biǎoyáng	4-2
别	（副）	bié	1-6
别的	（代）	biéde	3-9
别人	（代）	biérén	2-9
别说…… 就连…… 也/都……		biéshuō…jiù lián…yě/dōu	7-9
宾馆	（名）	bīnguǎn	2-3
宾至如归		bīnzhì-rúguī	7-8
冰箱	（名）	bīngxiāng	7-4
兵	（名）	bīng	4-3
兵马俑	（名）	bīngmǎyǒng	4-3
并	（副）	bìng	4-6
并	（连）	bìng	5-8
并且	（连）	bìngqiě	5-8
病	（动）	bìng	2-9
病房	（名）	bìngfáng	4-8
病人	（名）	bìngrén	4-10
拨打	（动）	bōdǎ	6-9
波浪	（名）	bōlàng	6-6
玻璃	（名）	bōli	3-3
播	（动）	bō	6-10
博士	（名）	bóshì	5-6
不错	（形）	búcuò	2-8
不但	（连）	búdàn	4-1
不断	（副）	búduàn	3-10

不对	（形）	búduì	2-1
不过	（连）	búguò	2-8
不见不散		bújiàn-búsàn	4-2
不愧	（副）	búkuì	6-5
不料	（连）	búliào	7-4
不是…… 而是……		bú shì… ér shì…	6-3
不是…… 就是……		bú shì… jiù shì…	4-9
不用	（副）	búyòng	2-7
补	（动）	bǔ	6-10
补充	（动）	bǔchōng	6-7
不	（副）	bù	1-3
不得了	（形）	bùdéliǎo	4-8
不好意思		bù hǎoyìsi	3-7
不仅	（连）	bùjǐn	6-3
不巧		bù qiǎo	3-8
不然	（连）	bùrán	7-6
不如	（动）	bùrú	5-4
不同	（形）	bùtóng	6-1
布置	（动）	bùzhì	7-10
步	（名）	bù	7-3
部		bù	4-10
部	（量）	bù	6-6
部分	（名）	bùfen	3-5
部位	（名）	bùwèi	6-8
C			
擦	（动）	cā	3-8
猜	（动）	cāi	2-1
才	（副）	cái	2-8
才能	（名）	cáinéng	7-3
材料	（名）	cáiliào	7-5
采	（动）	cǎi	6-3
彩色	（名）	cǎisè	6-4
踩	（动）	cǎi	7-6

菜	(名)	cài	1-4
菜	(名)	cài	2-8
菜单	(名)	càidān	4-6
菜地	(名)	càidì	2-8
菜名儿	(名)	càimíngr	4-5
参观	(动)	cānguān	4-3
参加	(动)	cānjiā	3-3
餐厅	(名)	cāntīng	3-6
残缺	(动)	cánquē	6-8
操场	(名)	cāochǎng	3-3
草	(名)	cǎo	4-10
草坪	(名)	cǎopíng	5-4
草原	(名)	cǎoyuán	5-8
册		cè	2-2
厕所	(名)	cèsuǒ	1-5
层	(量)	céng	2-3
层次	(名)	céngcì	7-3
曾	(副)	céng	4-3
曾经	(副)	céngjīng	4-3
叉儿	(名)	chār	7-1
插	(动)	chā	7-1
茶	(名)	chá	2-9
茶馆儿	(名)	cháguǎnr	6-7
茶几	(名)	chájī	4-7
茶具	(名)	chájù	3-3
茶叶	(名)	cháyè	3-3
茶园	(名)	cháyuán	6-7
查	(动)	chá	3-7
差	(动)	chà	3-1
差不多	(副)	chàbuduō	4-5
产	(动)	chǎn	6-4
产量	(名)	chǎnliàng	7-2
产品	(名)	chǎnpǐn	3-9
长	(形)	cháng	2-7
长处	(名)	chángchù	7-3
长度	(名)	chángdù	5-6
长期	(形)	chángqī	3-10
长寿	(形)	chángshòu	2-7
长远	(形)	chángyuǎn	7-9
肠	(名)	cháng	4-10
肠胃炎	(名)	chángwèiyán	4-10
尝	(动)	cháng	2-9
常	(副)	cháng	1-6
场	(名、量)	chǎng	3-1
场所	(名)	chǎngsuǒ	6-7
畅销	(动)	chàngxiāo	7-8
唱歌	(动)	chànggē	2-7
超过	(动)	chāoguò	6-7
超市	(名)	chāoshì	1-6
超重	(动)	chāozhòng	3-5
朝	(介)	cháo	6-2
朝		cháo	6-3
朝代	(名)	cháodài	6-3
吵	(动)	chǎo	6-9
吵吵嚷嚷		chǎochǎorǎngrǎng	6-9
吵嚷	(动)	chǎorǎng	6-9
炒	(动)	chǎo	4-6
车	(名)	chē	2-8
车窗	(名)	chēchuāng	6-2
车站	(名)	chēzhàn	3-3
彻底	(形)	chèdǐ	7-9
沉	(动)	chén	6-7
沉重	(形)	chénzhòng	7-6
衬衫	(名)	chènshān	3-9
称	(动)	chēng	6-6
称呼	(动)	chēnghu	6-5
称赞	(动)	chēngzàn	6-8
称作	(动)	chēngzuò	6-6

成	(动)	chéng	1-8		出租车	(名)	chūzūchē	2-8
成功	(动)	chénggōng	4-4		初		chū	5-7
成果	(名)	chéngguǒ	7-4		初级	(形)	chūjí	7-1
成绩	(名)	chéngjì	3-2		除了……以外		chúle…yǐwài	3-10
成立	(动)	chénglì	6-8		厨房	(名)	chúfáng	4-7
成为	(动)	chéngwéi	5-5		处理	(动)	chǔlǐ	7-2
诚实	(形)	chéngshí	7-7		处	(名)	chù	5-5
诚信	(形)	chéngxìn	4-2		处长	(名)	chùzhǎng	6-9
承认	(动)	chéngrèn	5-10		穿	(动)	chuān	3-7
城	(名)	chéng	2-10		穿	(动)	chuān	5-6
城市	(名)	chéngshì	2-10		穿越	(动)	chuānyuè	5-5
吃	(动)	chī	1-4		传	(动)	chuán	6-10
吃苦	(动)	chīkǔ	5-7		传说	(名)	chuánshuō	5-4
吃力	(形)	chīlì	7-6		传统	(形)	chuántǒng	5-4
迟到	(动)	chídào	3-7		船	(名)	chuán	4-3
冲	(动)	chōng	7-2		串	(量)	chuàn	6-8
充电器	(名)	chōngdiànqì	1-6		窗户	(名)	chuānghu	3-8
充分	(形)	chōngfèn	3-9		床	(名)	chuáng	1-6
充满	(动)	chōngmǎn	5-6		创建	(动)	chuàngjiàn	7-7
重复	(动)	chóngfù	7-2		创造	(动)	chuàngzào	5-5
重新	(副)	chóngxīn	3-5		创作	(动)	chuàngzuò	6-8
抽	(动)	chōu	4-4		吹	(动)	chuī	3-10
抽屉	(名)	chōuti	4-9		吹牛	(动)	chuīniú	4-8
臭	(形)	chòu	7-9		春季	(名)	chūnjì	3-2
出	(动)	chū	2-4		春天	(名)	chūntiān	3-2
出版	(动)	chūbǎn	3-6		词	(名)	cí	1-5
出差	(动)	chūchāi	6-9		词典	(名)	cídiǎn	2-2
出发	(动)	chūfā	3-1		瓷	(名)	cí	7-5
出口	(动)	chūkǒu	6-7		此	(代)	cǐ	5-9
出路	(名)	chūlù	7-3		次	(量)	cì	2-4
出谋划策		chūmóu-huàcè	7-8		匆匆忙忙		cōngcōngmáng-máng	4-2
出生	(动)	chūshēng	2-6		匆忙	(形)	cōngmáng	4-2
出现	(动)	chūxiàn	6-8		聪明	(形)	cōngming	2-4
出院	(动)	chūyuàn	4-10		从	(介)	cóng	2-9
出租	(动)	chūzū	2-8					

从此	（副）	cóngcǐ	5-9
从来	（副）	cónglái	4-6
从前	（名）	cóngqián	5-7
从事	（动）	cóngshì	7-1
从……起		cóng…qǐ	6-6
粗	（形）	cū	6-2
粗心	（形）	cūxīn	4-9
粗重	（形）	cūzhòng	6-2
促使	（动）	cùshǐ	7-3
醋	（名）	cù	6-1
催	（动）	cuī	5-9
村（子）	（名）	cūn(zi)	5-7
存	（动）	cún	3-8
存折	（名）	cúnzhé	5-9
错	（形）	cuò	1-5
错误	（名）	cuòwù	5-10

D

答应	（动）	dāying	4-5
达到	（动）	dádào	6-5
答案	（名）	dá'àn	5-2
打	（动）	dǎ	2-9
打扮	（动）	dǎban	5-1
打的	（动）	dǎdī	4-4
打电话		dǎ diànhuà	3-1
打工	（动）	dǎgōng	7-7
打搅	（动）	dǎjiǎo	6-4
打开	（动）	dǎkāi	3-5
打篮球		dǎ lánqiú	3-8
打扰	（动）	dǎrǎo	6-4
打扫	（动）	dǎsǎo	2-6
打算	（动）	dǎsuàn	5-2
打太极拳		dǎ tàijíquán	3-10
打招呼		dǎ zhāohu	5-3
打折	（动）	dǎzhé	3-3
打着灯笼也难找		dǎzhe dēnglong yě nán zhǎo	4-8
打针	（动）	dǎzhēn	2-9
打字	（动）	dǎzì	4-1
大	（形）	dà	2-3
大便	（动、名）	dàbiàn	3-4
大吃大喝		dàchī-dàhē	7-5
大胆	（形）	dàdǎn	7-3
大方	（形）	dàfang	7-10
大概	（副）	dàgài	5-10
大家	（代）	dàjiā	3-7
大使	（名）	dàshǐ	6-2
大使馆	（名）	dàshǐguǎn	6-2
大寿	（名）	dàshòu	5-7
大熊猫	（名）	dàxióngmāo	4-3
大学	（名）	dàxué	2-1
大约	（副）	dàyuē	4-9
呆	（形）	dāi	5-4
待	（动）	dāi	6-8
大夫	（名）	dàifu	2-1
代	（名）	dài	4-8
代	（动）	dài	4-9
代表	（动、名）	dàibiǎo	2-7
代替	（动）	dàitì	5-6
带	（动）	dài	2-8
戴	（动）	dài	5-2
担心	（动）	dānxīn	6-9
单	（形）	dān	2-2
单	（量）	dān	6-10
单车	（名）	dānchē	4-9
单间	（名）	dānjiān	5-7
单人间	（名）	dānrénjiān	2-3
单位	（名）	dānwèi	5-1
单子	（名）	dānzi	3-8

耽误	(动)	dānwu	3-1
但	(连)	dàn	3-10
但是	(连)	dànshì	3-10
淡	(形)	dàn	6-1
蛋	(名)	dàn	5-7
蛋糕	(名)	dàngāo	2-6
当	(动)	dāng	2-5
当初	(名)	dāngchū	7-8
当地	(名)	dāngdì	4-5
当今	(名)	dāngjīn	7-5
当然	(副)	dāngrán	2-8
当时	(名)	dāngshí	4-2
当……时		dāng…shí	7-6
当天	(名)	dàngtiān	6-4
当作	(动)	dàngzuò	4-10
倒	(动)	dǎo	5-8
倒霉	(形)	dǎoméi	5-9
到	(动)	dào	1-8
到处	(副)	dàochù	2-9
到达	(动)	dàodá	5-5
到底	(副)	dàodǐ	5-10
到期	(动)	dàoqī	5-2
到……为止		dào…wéizhǐ	7-8
倒	(副)	dào	4-4
倒	(动)	dào	7-5
倒数	(动)	dàoshǔ	7-6
道	(量)	dào	5-5
道德	(名)	dàodé	6-5
道理	(名)	dàolǐ	5-3
道路	(名)	dàolù	5-6
道歉	(动)	dàoqiàn	4-2
得到	(动)	dédào	5-1
得名	(动)	démíng	6-6
地	(助)	de	3-10
的	(助)	de	1-4
的话	(助)	dehuà	4-9
得	(助)	de	2-6
得	(能动)	děi	1-7
灯	(名)	dēng	4-8
灯笼	(名)	dēnglong	4-8
登	(动)	dēng	5-5
等	(动)	děng	2-10
等	(助)	děng	5-4
等待	(动)	děngdài	5-4
低	(形)	dī	3-2
的确	(副)	díquè	4-6
地	(名)	dì	2-8
地点	(名)	dìdiǎn	4-1
地方	(名)	dìfang	2-8
地理	(名)	dìlǐ	4-8
地球	(名)	dìqiú	5-5
地区	(名)	dìqū	6-1
地毯	(名)	dìtǎn	4-7
地铁	(名)	dìtiě	4-4
地图	(名)	dìtú	2-2
地下	(名)	dìxià	4-4
地址	(名)	dìzhǐ	5-9
弟弟	(名)	dìdi	2-1
递	(动)	dì	5-6
第		dì	4-2
典礼	(名)	diǎnlǐ	7-5
典雅	(形)	diǎnyǎ	7-10
点	(量)	diǎn	2-4
点	(动)	diǎn	4-4
点播	(动)	diǎnbō	6-10
点歌		diǎn gē	6-10
点头	(动)	diǎntóu	5-10
点心	(名)	diǎnxin	3-6

电	(名)	diàn	2-8
电车	(名)	diànchē	4-4
电灯	(名)	diàndēng	4-8
电动车	(名)	diàndòngchē	5-8
电话	(名)	diànhuà	3-1
电脑	(名)	diànnǎo	3-10
电扇	(名)	diànshàn	3-4
电视	(名)	diànshì	3-10
电视机	(名)	diànshìjī	5-9
电台	(名)	diàntái	6-10
电梯	(名)	diàntī	7-6
电影	(名)	diànyǐng	2-8
电影院	(名)	diànyǐngyuàn	2-8
店	(名)	diàn	5-3
雕塑	(名)	diāosù	6-8
吊	(动)	diào	7-10
钓	(动)	diào	7-9
调查	(动)	diàochá	7-1
掉	(动)	diào	4-4
丁	(名)	dīng	4-6
丁字路口		dīngzì lùkǒu	4-9
顶	(名)	dǐng	3-8
顶	(量)	dǐng	5-2
订	(动)	dìng	2-3
订婚	(动)	dìnghūn	7-1
定	(动)	dìng	3-8
丢	(动)	diū	4-9
东	(名)	dōng	3-1
东方	(名)	dōngfāng	3-6
东面	(名)	dōngmiàn	4-2
东坡肉	(名)	dōngpōròu	4-5
东西	(名)	dōngxi	2-6
冬季	(名)	dōngjì	2-3
冬天	(名)	dōngtiān	2-3

懂	(动)	dǒng	2-4
动身	(动)	dòngshēn	4-3
动物	(名)	dòngwù	4-3
动物园	(名)	dòngwùyuán	4-3
动作	(名)	dòngzuò	2-6
洞	(名)	dòng	6-8
洞窟	(名)	dòngkū	6-8
都	(副)	dōu	1-9
豆(子)	(名)	dòu(zi)	7-4
逗	(动)	dòu	7-1
都		dū	6-3
毒	(名)	dú	6-7
独	(副)	dú	7-3
独资	(形)	dúzī	7-3
读	(动)	dú	1-5
肚皮	(名)	dùpí	7-6
肚子	(名)	dùzi	2-9
度	(量)	dù	3-2
度过	(动)	dùguò	3-10
端	(动)	duān	4-7
短	(形)	duǎn	3-10
短期	(形)	duǎnqī	3-10
短信	(名)	duǎnxìn	5-8
段	(量)	duàn	5-5
断	(动)	duàn	5-8
锻炼	(动)	duànliàn	5-6
队	(名)	duì	3-1
对	(形)	duì	2-1
对	(介)	duì	2-5
对	(动)	duì	3-1
对不起	(动)	duìbuqǐ	1-5
对策	(名)	duìcè	7-6
对话	(动)	duìhuà	7-4
对面	(名)	duìmiàn	3-2

对象	（名）	duìxiàng	5-1
对……来说		duì…lái shuō	6-3
兑换	（动）	duìhuàn	3-8
炖牛肉	（名）	dùnniúròu	1-4
顿	（量）	dùn	5-7
多	（形）	duō	1-6
多	（副）	duō	2-7
多彩	（形）	duōcǎi	7-4
多么	（副）	duōme	7-4
多少	（代）	duōshao	2-2
多数	（名）	duōshù	7-8
多子多福		duōzǐ duōfú	4-8
朵	（量）	duǒ	6-4
躲	（动）	duǒ	6-10

E

饿	（形）	è	4-9
恩爱	（形）	ēn'ài	7-10
儿子	（名）	érzi	2-4
而	（连）	ér	5-5
而且	（连）	érqiě	4-1
耳环	（名）	ěrhuán	5-9
二	（数）	èr	1-1
二环路		èr-huánlù	4-9

F

发	（动）	fā	2-1
发愁	（动）	fāchóu	6-10
发达	（形）	fādá	5-6
发明	（动、名）	fāmíng	7-6
发烧	（动）	fāshāo	2-9
发生	（动）	fāshēng	5-8
发现	（动）	fāxiàn	5-1
发言	（动、名）	fāyán	3-7
发炎	（动）	fāyán	3-4
发音	（名）	fāyīn	1-10
发展	（动）	fāzhǎn	5-10
法官	（名）	fǎguān	7-4
法律	（名）	fǎlǜ	3-8
法学	（名）	fǎxué	6-7
翻译	（名）	fānyì	2-5
烦	（形、动）	fán	6-9
繁荣	（形）	fánróng	7-8
反对	（动）	fǎnduì	6-5
反而	（副）	fǎn'ér	7-6
反复	（副）	fǎnfù	7-7
反映	（动）	fǎnyìng	6-5
反正	（副）	fǎnzhèng	5-10
返	（动）	fǎn	7-3
饭	（名）	fàn	1-4
饭店	（名）	fàndiàn	4-5
饭馆儿	（名）	fànguǎnr	4-5
……犯		…fàn	7-5
方	（形）	fāng	6-1
方便	（形）	fāngbiàn	2-4
方法	（名）	fāngfǎ	1-10
方面	（名）	fāngmiàn	2-5
方向	（名）	fāngxiàng	4-9
房	（名）	fáng	4-7
房东	（名）	fángdōng	6-9
房间	（名）	fángjiān	2-3
访问	（动）	fǎngwèn	4-3
放	（动）	fàng	4-2
放假	（动）	fàngjià	5-6
放弃	（动）	fàngqì	7-3
放心	（动）	fàngxīn	3-1
飞	（动）	fēi	4-6
飞船	（名）	fēichuán	5-4
飞机	（名）	fēijī	3-4

飞快	(形)	fēikuài	5-10		夫妇	(名)	fūfù	4-7
非	(动)	fēi	5-5		夫人	(名)	fūrén	7-6
非常	(副)	fēicháng	2-6		扶	(动)	fú	6-4
非……不可		fēi…bù kě	6-9		服务	(动)	fúwù	2-3
					服务员	(名)	fúwùyuán	2-3
肥	(形)	féi	4-5		服装	(名)	fúzhuāng	7-8
肺炎	(名)	fèiyán	6-9		浮	(动)	fú	6-7
废	(形)	fèi	7-9		幅	(量)	fú	2-6
费	(名)	fèi	3-5		福	(名)	fú	4-7
费	(动)	fèi	7-6		抚摸	(动)	fǔmō	5-5
费用	(名)	fèiyong	6-3		斧子	(名)	fǔzi	5-9
分	(量)	fēn	3-1		辅导	(动)	fǔdǎo	2-4
分	(动)	fēn	6-4		腐败	(形、动)	fǔbài	7-10
分别	(动)	fēnbié	5-9		父母	(名)	fùmǔ	5-2
分不开		fēn bu kāi	6-4		父亲	(名)	fùqin	3-2
分开	(动)	fēnkāi	6-4		付	(动)	fù	2-2
分配	(动)	fēnpèi	6-3		负责	(动)	fùzé	6-9
分析	(动)	fēnxī	7-2		负责人	(名)	fùzérén	6-9
纷纷	(副)	fēnfēn	7-10		妇女	(名)	fùnǚ	7-2
粉碎	(形)	fěnsuì	7-5		附件	(名)	fùjiàn	3-10
份	(量)	fèn	6-1		附近	(名)	fùjìn	1-5
奋斗	(动)	fèndòu	7-7		复		fù	6-4
丰富	(形)	fēngfù	6-6		复活	(动)	fùhuó	6-4
丰盛	(形)	fēngshèng	6-9		复习	(动)	fùxí	1-7
风	(名)	fēng	3-4		复杂	(形)	fùzá	7-1
风景	(名)	fēngjǐng	6-3		副	(形)	fù	2-1
风俗	(名)	fēngsú	6-6		富	(形)	fù	6-10
风味	(名)	fēngwèi	4-5		富强	(形)	fùqiáng	7-7
风雨交加		fēngyǔ jiāojiā	6-9		富有	(动)	fùyǒu	4-1
封	(量)	fēng	2-1		腹	(名)	fù	4-10
封面	(名)	fēngmiàn	7-1		腹泻	(动)	fùxiè	4-10
奉献	(动)	fèngxiàn	7-2					
佛	(名)	fó	6-8		**G**			
佛像	(名)	fóxiàng	6-8		该	(能动)	gāi	1-9
否认	(动)	fǒurèn	5-10		改	(动)	gǎi	5-10

改变	（动）	gǎibiàn	3-9		搞	（动）	gǎo	6-10
改革	（动）	gǎigé	7-8		告白	（动）	gàobái	7-10
改进	（动）	gǎijìn	3-7		告别	（动）	gàobié	7-9
改善	（动）	gǎishàn	5-6		告辞	（动）	gàocí	6-4
改造	（动）	gǎizào	6-6		告诉	（动）	gàosu	3-8
改正	（动）	gǎizhèng	5-10		哥哥	（名）	gēge	1-9
干	（形）	gān	6-1		歌曲	（名）	gēqǔ	3-10
干	（副）	gān	7-5		革新	（动）	géxīn	7-2
干脆	（副）	gāncuì	7-6		隔	（动）	gé	4-7
干净	（形）	gānjìng	2-6		个	（量）	gè	1-8
干涉	（动）	gānshè	6-10		个儿	（名）	gèr	6-3
赶	（动）	gǎn	7-7		个体	（名）	gètǐ	7-8
赶紧	（副）	gǎnjǐn	6-5		个子	（名）	gèzi	4-8
赶快	（副）	gǎnkuài	6-2		各	（代）	gè	4-3
敢	（能动）	gǎn	4-6		各种各样		gè zhǒng gè yàng	6-1
感到	（动）	gǎndào	5-2		给	（动）	gěi	1-3
感动	（形）	gǎndòng	4-2		给	（介）	gěi	2-1
感冒	（名、动）	gǎnmào	3-4		给	（助）	gěi	5-9
感情	（名）	gǎnqíng	6-10		根	（量）	gēn	6-1
感受	（名）	gǎnshòu	5-7		根本	（副）	gēnběn	6-2
感谢	（动）	gǎnxiè	2-5		根据	（介）	gēnjù	7-3
感兴趣		gǎn xìngqù	6-6		跟	（介）	gēn	1-10
干	（动）	gàn	4-1		更换	（动）	gēnghuàn	5-3
干吗	（代）	gànmá	3-8		更	（副）	gèng	2-4
刚	（副）	gāng	2-2		工厂	（名）	gōngchǎng	2-1
刚才	（名）	gāngcái	4-4		工程	（名）	gōngchéng	5-10
钢笔	（名）	gāngbǐ	2-2		工程师	（名）	gōngchéngshī	5-10
高	（形）	gāo	3-2		工地	（名）	gōngdì	5-10
高大	（形）	gāodà	5-8		工人	（名）	gōngrén	2-1
高尔夫球	（名）	gāo'ěrfūqiú	4-5		工业	（名）	gōngyè	7-9
高峰	（名）	gāofēng	6-2		工艺	（名）	gōngyì	7-8
高尚	（形）	gāoshàng	6-5		工整	（形）	gōngzhěng	7-1
高铁	（名）	gāotiě	4-3		工资	（名）	gōngzī	7-2
高兴	（形）	gāoxìng	1-8		工作	（名）	gōngzuò	2-1

公安	（名）	gōng'ān	5-9
公安局	（名）	gōng'ānjú	5-9
公公	（名）	gōnggong	6-5
公共	（形）	gōnggòng	2-8
公共汽车		gōnggòng qìchē	2-8
公关	（名）	gōngguān	7-3
公斤	（量）	gōngjīn	5-2
公里	（量）	gōnglǐ	5-2
公司	（名）	gōngsī	2-1
公务员	（名）	gōngwùyuán	2-5
公元	（名）	gōngyuán	6-8
公园儿	（名）	gōngyuánr	1-9
功能	（名）	gōngnéng	6-7
宫保鸡丁		gōngbǎo jīdīng	4-6
宫殿	（名）	gōngdiàn	6-10
恭喜	（动）	gōngxǐ	7-10
共	（副）	gòng	4-1
共同	（副、形）	gòngtóng	3-10
共享	（动）	gòngxiǎng	4-9
共享单车		gòngxiǎng dānchē	4-9
贡献	（名）	gòngxiàn	4-3
钩儿	（名）	gōur	7-1
狗	（名）	gǒu	2-1
够	（动）	gòu	3-9
估计	（动）	gūjì	5-6
姑姑	（名）	gūgu	4-7
姑娘	（名）	gūniang	2-9
古	（形）	gǔ	5-8
古代	（名）	gǔdài	5-2
古都	（名）	gǔdū	6-3
古迹	（名）	gǔjì	4-3
古老	（形）	gǔlǎo	3-6
股	（量）	gǔ	7-9
鼓掌	（动）	gǔzhǎng	7-4

故事	（名）	gùshi	3-8
故乡	（名）	gùxiāng	7-9
顾	（动）	gù	7-9
顾客	（名）	gùkè	7-8
瓜	（名）	guā	5-3
刮风	（动）	guāfēng	3-4
挂	（动）	guà	4-7
挂号	（动）	guàhào	3-5
拐	（动）	guǎi	4-9
怪	（形）	guài	2-6
怪不得	（副）	guàibude	2-6
关	（动）	guān	2-7
关	（名）	guān	5-5
关系	（名）	guānxi	2-6
关心	（动）	guānxīn	3-7
关于	（介）	guānyú	4-3
关照	（动）	guānzhào	4-5
关注	（动）	guānzhù	3-3
观点	（名）	guāndiǎn	5-10
观念	（名）	guānniàn	4-8
观众	（名）	guānzhòng	3-1
官	（名）	guān	6-5
管	（名、动）	guǎn	4-8
管理	（动）	guǎnlǐ	7-7
罐头	（名）	guàntou	5-6
光	（副）	guāng	5-2
光	（名）	guāng	5-4
光	（形）	guāng	6-10
广播	（动、名）	guǎngbō	4-1
广泛	（形）	guǎngfàn	6-9
广告	（名）	guǎnggào	7-6
逛	（动）	guàng	2-10
归		guī	6-10
规定	（名）	guīdìng	3-8

规模	（名）	guīmó	7-7
柜子	（名）	guìzi	5-9
贵	（形）	guì	1-3
贵姓	（名）	guìxìng	1-3
跪	（动）	guì	6-8
锅	（名）	guō	7-2
国	（名）	guó	1-4
国产	（形）	guóchǎn	3-3
国籍	（名）	guójí	7-1
国际	（形）	guójì	5-1
国家	（名）	guójiā	3-2
国外	（名）	guówài	6-3
果然	（副）	guǒrán	6-1
果园	（名）	guǒyuán	2-8
果汁儿	（名）	guǒzhīr	4-6
过	（动）	guò	2-7
过错	（名）	guòcuò	4-4
过分	（形）	guòfèn	7-3
过奖	（动）	guòjiǎng	7-1
过去	（名）	guòqù	4-8
过	（助）	guo	4-3

H

哈哈	（叹）	hāhā	1-6
哈密瓜	（名）	hāmìguā	6-8
还	（副）	hái	1-7
还是	（连）	háishi	2-3
还是	（副）	háishi	2-10
孩子	（名）	háizi	2-10
海	（名）	hǎi	3-5
海棠	（名）	hǎitáng	5-4
海员	（名）	hǎiyuán	6-4
海运	（动）	hǎiyùn	3-5
害怕	（动）	hàipà	6-4
寒假	（名）	hánjià	7-9

喊	（动）	hǎn	2-7
汉学	（名）	hànxué	3-6
汗	（名）	hàn	4-6
行家	（名）	hángjia	3-3
行业	（名）	hángyè	6-6
航空	（动）	hángkōng	3-5
好	（形）	hǎo	1-1
好吃	（形）	hǎochī	2-3
好处	（名）	hǎochù	2-10
好汉	（名）	hǎohàn	5-5
好几	（数）	hǎojǐ	5-1
好久	（形）	hǎojiǔ	1-7
好看	（形）	hǎokàn	1-9
好像	（副）	hǎoxiàng	3-6
号	（名）	hào	2-3
号码	（名）	hàomǎ	4-2
好	（动）	hào	5-1
喝	（动）	hē	1-3
合	（动）	hé	2-10
合格	（形）	hégé	5-3
合理	（形）	hélǐ	5-3
合适	（形）	héshì	2-3
合影	（名）	héyǐng	4-7
合住	（动）	hézhù	2-10
合资	（动）	hézī	7-3
合作	（动）	hézuò	7-1
何况	（连）	hékuàng	7-3
和	（连、介）	hé	1-9
和气	（形）	héqi	6-2
河	（名）	hé	2-8
盒儿	（名）	hér	4-4
盒子	（名）	hézi	5-3
贺卡	（名）	hèkǎ	3-5
贺礼	（名）	hèlǐ	7-10
喝彩	（动）	hècǎi	7-4

黑	（形）	hēi	6-2
黑板	（名）	hēibǎn	2-2
很	（副）	hěn	1-4
红	（形）	hóng	1-9
红茶	（名）	hóngchá	3-3
红绿灯	（名）	hóng-lǜdēng	4-9
红烧	（动）	hóngshāo	4-5
红烧猪手		hóngshāo zhūshǒu	4-5
猴	（名）	hóu	2-6
后	（名）	hòu	2-8
后边	（名）	hòubian	2-8
后代	（名）	hòudài	5-5
后悔	（动）	hòuhuǐ	6-5
后来	（名）	hòulái	3-8
后面	（名）	hòumiàn	4-2
后年	（名）	hòunián	3-2
后天	（名）	hòutiān	2-3
厚	（形）	hòu	5-3
呼	（动）	hū	6-6
呼吸	（动）	hūxī	6-6
忽然	（副）	hūrán	5-1
胡同	（名）	hútòng	6-6
壶	（名）	hú	6-7
湖	（名）	hú	4-3
互敬互爱		hùjìng-hù'ài	7-10
互相	（副）	hùxiāng	1-8
户	（量）	hù	6-4
护士	（名）	hùshi	4-10
护照	（名）	hùzhào	3-8
花	（动）	huā	3-3
花草	（名）	huācǎo	4-10
花茶	（名）	huāchá	6-7
花花绿绿	（形）	huāhuālǜlǜ	7-8
花儿	（名）	huār	1-9
花生米	（名）	huāshēngmǐ	4-6
花园	（名）	huāyuán	4-10
划	（动）	huá	4-3
华侨	（名）	huáqiáo	7-7
滑冰	（动）	huábīng	3-2
化解	（动）	huàjiě	6-9
化学	（名）	huàxué	6-8
化验	（动）	huàyàn	3-4
画	（动）	huà	2-9
画报	（名）	huàbào	3-5
画儿	（名）	huàr	2-6
话	（名）	huà	2-7
话剧	（名）	huàjù	5-7
话题	（名）	huàtí	4-8
话筒	（名）	huàtǒng	7-2
怀疑	（动）	huáiyí	5-9
坏	（形）	huài	5-8
欢呼	（动）	huānhū	7-4
欢快	（形）	huānkuài	5-6
欢乐	（形）	huānlè	6-8
欢喜	（形）	huānxǐ	7-7
欢迎	（动）	huānyíng	1-8
还	（动）	huán	3-8
环	（名）	huán	4-9
环境	（名）	huánjìng	2-8
环路	（名）	huánlù	4-9
缓和	（形）	huǎnhé	6-5
换	（动）	huàn	3-8
黄	（形）	huáng	1-9
灰	（形）	huī	6-6
灰色	（名）	huīsè	6-6
灰心	（形）	huīxīn	7-6
恢复	（动）	huīfù	2-9
回	（动）	huí	1-7

回	(量)	huí	3-8		基础	(名)	jīchǔ	3-8
回忆	(动)	huíyì	6-3		激动	(形)	jīdòng	5-9
汇报	(动)	huìbào	7-4		及格	(动)	jígé	3-4
会	(能动)	huì	2-8		及时	(副)	jíshí	5-4
会	(名)	huì	5-8		吉利	(形)	jílì	2-7
会话	(动)	huìhuà	7-4		级	(名)	jí	5-5
会见	(动)	huìjiàn	7-10		极	(副)	jí	1-7
会谈	(动)	huìtán	7-10		极了		jí le	1-7
会议	(名)	huìyì	5-6		极其	(副)	jíqí	7-5
婚否		hūn fǒu	7-1		急	(形)	jí	4-8
婚礼	(名)	hūnlǐ	7-4		急救	(动)	jíjiù	6-9
婚纱	(名)	hūnshā	7-10		急救车	(名)	jíjiùchē	7-5
婚姻	(名)	hūnyīn	5-1		急忙	(副)	jímáng	5-10
馄饨	(名)	húntun	6-1		急事	(名)	jíshì	4-8
活	(形)	huó	5-1		急性	(形)	jíxìng	4-10
活动	(名)	huódòng	6-9		急诊室	(名)	jízhěnshì	4-10
活儿	(名)	huór	5-7		集合	(动)	jíhé	6-9
火车	(名)	huǒchē	4-3		集体	(名)	jítǐ	6-9
伙伴	(名)	huǒbàn	5-9		集邮	(动)	jíyóu	3-5
或	(连)	huò	2-10		几	(代)	jǐ	2-1
或者	(连)	huòzhě	2-10		挤	(形)	jǐ	2-10
货	(名)	huò	3-9		计	(名)	jì	7-9
获得	(动)	huòdé	7-4		计划	(动、名)	jìhuà	6-1
		J			记	(动)	jì	1-5
几乎	(副)	jīhū	4-5		记得	(动)	jìde	4-5
机场	(名)	jīchǎng	3-3		记录	(动)	jìlù	6-6
机会	(名)	jīhuì	3-7		记忆	(动)	jìyì	7-5
机票	(名)	jīpiào	3-6		记者	(名)	jìzhě	7-5
机器	(名)	jīqì	3-8		纪律	(名)	jìlù	4-9
鸡	(名)	jī	4-6		纪念	(动、名)	jìniàn	3-5
鸡蛋	(名)	jīdàn	5-7		纪念品	(名)	jìniànpǐn	5-9
鸡丁	(名)	jīdīng	4-6		纪念日	(名)	jìniànrì	3-10
积极	(形)	jījí	3-7		技术	(名)	jìshù	6-8
基本	(形、副)	jīběn	5-10		技术员	(名)	jìshùyuán	7-5

系	（动）	jì	6-2
季	（名）	jì	3-2
季节	（名）	jìjié	3-2
既然	（连）	jìrán	5-3
既……也……		jì…yě…	4-9
既……又……		jì…yòu…	4-5
继承	（动）	jìchéng	7-7
继续	（动）	jìxù	6-5
寄	（动）	jì	2-6
寄件人	（名）	jìjiànrén	5-9
寂寞	（形）	jìmò	4-10
加	（动）	jiā	6-6
加班	（动）	jiābān	7-2
加强	（动）	jiāqiáng	3-7
佳	（形）	jiā	6-1
家	（名）	jiā	1-9
家具	（名）	jiājù	7-10
家庭	（名）	jiātíng	2-1
家务	（名）	jiāwù	4-8
家乡	（名）	jiāxiāng	6-3
（家）宴	（名）	(jiā)yàn	7-7
……家		…jiā	3-6
假	（形）	jiǎ	2-10
假如	（连）	jiǎrú	7-4
价	（名）	jià	3-9
价格	（名）	jiàgé	3-9
价钱	（名）	jiàqian	6-4
价值	（名）	jiàzhí	3-9
架	（量）	jià	3-4
假日	（名）	jiàrì	4-3
嫁	（动）	jià	6-1
坚持	（动）	jiānchí	6-9
间	（量）	jiān	4-7
肩	（名）	jiān	5-5

艰苦	（形）	jiānkǔ	7-7
拣	（动）	jiǎn	6-3
检查	（动）	jiǎnchá	4-10
检讨	（动）	jiǎntǎo	7-5
检讨书	（名）	jiǎntǎoshū	7-5
减	（动）	jiǎn	5-6
减产	（动）	jiǎnchǎn	7-9
减肥	（动）	jiǎnféi	5-6
减少	（动）	jiǎnshǎo	5-6
简单	（形）	jiǎndān	2-3
简历	（名）	jiǎnlì	7-3
简直	（副）	jiǎnzhí	6-7
见	（动）	jiàn	1-6
见面	（动）	jiànmiàn	5-1
件	（量）	jiàn	2-3
建	（动）	jiàn	4-5
建设	（动）	jiànshè	7-1
建议	（动）	jiànyì	3-6
建筑	（动、名）	jiànzhù	4-5
健康	（形）	jiànkāng	2-7
鉴定	（动）	jiàndìng	7-2
江	（名）	jiāng	6-3
将	（副）	jiāng	4-1
将来	（名）	jiānglái	7-1
讲	（动）	jiǎng	3-4
讲究	（动）	jiǎngjiu	6-5
讲述	（动）	jiǎngshù	7-7
讲台	（名）	jiǎngtái	3-7
讲座	（名）	jiǎngzuò	4-1
奖	（动、名）	jiǎng	7-1
酱油	（名）	jiàngyóu	6-1
交	（动）	jiāo	2-1
交换	（动）	jiāohuàn	2-4
交际	（动）	jiāojì	5-10

交流	(动)	jiāoliú	6-7		结果	(名)	jiéguǒ	3-4
交通	(名)	jiāotōng	4-9		结果	(连)	jiéguǒ	5-8
郊		jiāo	2-8		结婚	(动)	jiéhūn	3-6
郊区	(名)	jiāoqū	2-8		结束	(动)	jiéshù	2-5
骄傲	(形)	jiāo'ào	7-3		结账	(动)	jiézhàng	4-6
教	(动)	jiāo	2-4		姐姐	(名)	jiějie	2-1
角	(量)	jiǎo	3-3		解毒	(动)	jiědú	6-7
狡辩	(动)	jiǎobiàn	4-4		解饿	(动)	jiě'è	5-2
饺子	(名)	jiǎozi	4-1		解渴	(动)	jiěkě	5-2
脚	(名)	jiǎo	6-4		解释	(动)	jiěshì	5-9
脚步	(名)	jiǎobù	7-8		解围	(动)	jiěwéi	6-5
叫	(动)	jiào	1-3		介绍	(动)	jièshào	1-8
叫	(介)	jiào	5-9		介意	(动)	jièyì	6-2
叫号	(动)	jiàohào	3-8		戒	(动)	jiè	4-4
教材	(名)	jiàocái	7-1		戒指	(名)	jièzhi	5-9
教师	(名)	jiàoshī	2-5		借	(动)	jiè	3-6
教室	(名)	jiàoshì	2-4		斤	(量)	jīn	3-3
教授	(名)	jiàoshòu	3-9		今年	(名)	jīnnián	2-9
教堂	(名)	jiàotáng	7-4		今天	(名)	jīntiān	2-1
教学	(名)	jiàoxué	2-1		金	(名)	jīn	3-10
教育	(动、名)	jiàoyù	6-4		金婚	(名)	jīnhūn	3-10
阶段	(名)	jiēduàn	2-4		金子	(名)	jīnzi	3-10
皆	(副)	jiē	7-6		仅	(副)	jǐn	6-3
接	(动)	jiē	2-10		仅仅	(副)	jǐnjǐn	7-9
接待	(动)	jiēdài	7-2		尽管	(连)	jǐnguǎn	7-3
接风	(动)	jiēfēng	7-7		紧张	(形)	jǐnzhāng	1-7
接受	(动)	jiēshòu	4-2		尽	(动)	jìn	7-7
接着	(副)	jiēzhe	5-5		尽力	(动)	jìnlì	5-1
街	(名)	jiē	2-8		尽头	(名)	jìntóu	5-5
街道	(名)	jiēdào	6-6		进	(动)	jìn	2-6
节目	(名)	jiémù	3-9		进步	(动)	jìnbù	2-5
节约	(动)	jiéyuē	6-9		进口	(动)	jìnkǒu	3-3
洁白	(形)	jiébái	6-3		进行	(动)	jìnxíng	2-5
结	(动)	jié	3-10		进修	(动)	jìnxiū	6-1

近	（形）	jìn	1-5
劲儿	（名）	jìnr	7-4
京剧	（名）	jīngjù	3-8
经常	（副）	jīngcháng	3-6
经费	（名）	jīngfèi	7-9
经过	（动）	jīngguò	3-9
经济	（名）	jīngjì	5-7
经理	（名）	jīnglǐ	2-1
经历	（名）	jīnglì	5-6
经商	（动）	jīngshāng	2-5
经验	（名）	jīngyàn	6-4
经营	（动）	jīngyíng	7-8
惊叹号	（名）	jīngtànhào	5-5
精彩	（形）	jīngcǎi	5-3
精力	（名）	jīnglì	7-7
精神	（形）	jīngshen	5-1
精神病	（名）	jīngshénbìng	6-9
精细	（形）	jīngxì	7-8
精心	（形）	jīngxīn	7-8
精致	（形）	jīngzhì	6-1
井	（名）	jǐng	6-6
景象	（名）	jǐngxiàng	7-8
警察	（名）	jǐngchá	3-3
竟	（副）	jìng	7-6
敬	（动）	jìng	6-7
敬爱	（动）	jìng'ài	7-10
究竟	（副）	jiūjìng	6-3
九	（数）	jiǔ	1-1
久	（形）	jiǔ	1-7
酒	（名）	jiǔ	3-6
酒店	（名）	jiǔdiàn	5-7
旧	（形）	jiù	3-4
救	（动）	jiù	5-1
救星	（名）	jiùxīng	7-6
就	（副）	jiù	2-2

舅舅	（名）	jiùjiu	4-7
舅妈	（名）	jiùmā	4-7
鞠躬	（动）	jūgōng	6-2
局	（名）	jú	5-9
局长	（名）	júzhǎng	7-5
橘子	（名）	júzi	5-3
举	（动）	jǔ	3-7
举办	（动）	jǔbàn	3-6
举行	（动）	jǔxíng	4-2
句	（名）	jù	1-10
句子	（名）	jùzi	1-10
俱	（副）	jù	6-1
剧场	（名）	jùchǎng	2-8
据	（介）	jù	5-6
据说	（动）	jùshuō	6-5
聚会	（动）	jùhuì	6-7
捐	（动）	juān	7-7
卷	（量）	juǎn	5-10
决	（副）	jué	7-4
决定	（动）	juédìng	4-4
决心	（名）	juéxīn	7-3
觉得	（动）	juéde	1-10
绝对	（副）	juéduì	7-8
K			
咖啡	（名）	kāfēi	4-1
卡拉OK		kǎlā OK	5-7
开	（动）	kāi	2-7
开发	（动）	kāifā	7-2
开放	（动）	kāifàng	7-8
开会	（动）	kāihuì	5-8
开始	（动）	kāishǐ	2-4
开水	（名）	kāishuǐ	3-4
开玩笑		kāi wánxiào	3-6
开心	（形）	kāixīn	5-4

开学	（动）	kāixué	5-6		课	（名）	kè	1-7
开演	（动）	kāiyǎn	4-6		课本	（名）	kèběn	4-8
开凿	（动）	kāizáo	6-8		课间	（名）	kèjiān	4-9
看	（动）	kàn	1-6		课堂	（名）	kètáng	5-10
看不起	（动）	kànbuqǐ	5-3		课文	（名）	kèwén	1-5
看来	（动）	kànlái	3-1		肯定	（副）	kěndìng	5-8
看望	（动）	kànwàng	4-9		空	（形）	kōng	7-2
看作	（动）	kànzuò	5-4		空间	（名）	kōngjiān	7-9
考	（动）	kǎo	3-4		空气	（名）	kōngqì	5-1
考虑	（动）	kǎolǜ	2-3		空调	（名）	kōngtiáo	2-3
考试	（动）	kǎoshì	3-4		空头	（形）	kōngtóu	7-2
烤	（动）	kǎo	4-3		空运	（动）	kōngyùn	3-5
烤鸭	（名）	kǎoyā	4-3		恐怕	（副）	kǒngpà	7-3
靠	（动）	kào	7-10		空儿	（名）	kòngr	1-8
科	（名）	kē	4-10		空隙	（名）	kòngxì	5-6
科学	（名、形）	kēxué	6-9		口	（量）	kǒu	2-1
科长	（名）	kēzhǎng	6-9		口袋	（名）	kǒudai	4-9
棵	（量）	kē	4-10		口感	（名）	kǒugǎn	3-3
咳嗽	（动）	késou	2-9		口试	（动）	kǒushì	1-10
可	（连）	kě	1-10		口味	（名）	kǒuwèi	6-1
可	（能动）	kě	5-8		口语	（名）	kǒuyǔ	2-4
可爱	（形）	kě'ài	2-6		扣	（动）	kòu	7-6
可见	（连）	kějiàn	7-4		扣眼儿	（名）	kòuyǎnr	7-6
可能	（能动、名）	kěnéng	3-3		扣子	（名）	kòuzi	5-6
可是	（连）	kěshì	1-10		哭	（动）	kū	4-8
可以	（能动）	kěyǐ	2-2		苦	（形）	kǔ	4-10
可……了		kě…le	4-5		苦恼	（形）	kǔnǎo	7-6
渴	（形）	kě	1-3		裤子	（名）	kùzi	3-9
克服	（动）	kèfú	5-1		夸奖	（动）	kuājiǎng	3-6
刻	（量）	kè	3-1		夸张	（形）	kuāzhāng	6-6
刻苦	（形）	kèkǔ	5-1		块	（量）	kuài	1-4
客气	（动、形）	kèqi	1-8		快	（形）	kuài	2-5
客人	（名）	kèren	4-2		快餐	（名）	kuàicān	6-1
客厅	（名）	kètīng	4-7		快递	（名）	kuàidì	4-9

快乐	(形)	kuàilè	2-7
筷子	(名)	kuàizi	3-8
宽	(形)	kuān	3-2
款式	(名)	kuǎnshì	7-8
筐	(名)	kuāng	5-3
矿泉水	(名)	kuàngquánshuǐ	6-7
困	(形)	kùn	4-9
困难	(名)	kùnnan	5-1

L

拉	(动)	lā	4-8
拉活儿	(动)	lāhuór	6-10
蜡烛	(名)	làzhú	2-6
辣	(形)	là	4-5
啦	(助)	la	2-6
来	(动)	lái	1-4
来	(名)	lái	5-5
来宾	(名)	láibīn	7-10
来不及	(动)	láibují	3-8
来着	(助)	láizhe	5-7
栏	(名)	lán	5-9
栏目	(名)	lánmù	6-10
蓝	(形)	lán	1-9
篮球	(名)	lánqiú	3-8
懒	(形)	lǎn	7-5
浪费	(动)	làngfèi	3-9
浪漫	(形)	làngmàn	4-1
劳动	(动、名)	láodòng	6-4
劳驾	(动)	láojià	2-2
老		lǎo	2-4
老	(形)	lǎo	2-7
老百姓	(名)	lǎobǎixìng	6-7
老板	(名)	lǎobǎn	3-3
老大爷	(名)	lǎodàye	5-6

老家	(名)	lǎojiā	7-9
老婆	(名)	lǎopo	5-1
老人	(名)	lǎorén	2-7
老师	(名)	lǎoshī	1-3
老实	(形)	lǎoshi	5-6
老是	(副)	lǎoshì	5-7
老外	(名)	lǎowài	7-10
姥姥	(名)	lǎolao	4-7
姥爷	(名)	lǎoye	4-7
了	(助)	le	1-3
类	(名、量)	lèi	6-1
累	(形)	lèi	1-3
冷	(形)	lěng	2-3
愣	(动)	lèng	6-2
厘米	(量)	límǐ	5-2
离	(动)	lí	2-8
离婚	(动)	líhūn	4-4
礼貌	(形、名)	lǐmào	6-2
礼堂	(名)	lǐtáng	5-6
礼物	(名)	lǐwù	2-6
里	(量)	lǐ	1-9
里	(名)	lǐ	1-9
里边	(名)	lǐbian	1-9
里面	(名)	lǐmiàn	4-2
里弄	(名)	lǐlòng	6-6
理	(动)	lǐ	6-2
理发	(动)	lǐfà	7-10
理解	(动)	lǐjiě	5-2
理想	(名)	lǐxiǎng	5-5
力	(名)	lì	7-5
力气	(名)	lìqi	5-3
历史	(名)	lìshǐ	2-5
厉害	(形)	lìhai	3-4
立即	(副)	lìjí	7-6

立交桥	(名)	lìjiāoqiáo	5-6		瞭望台	(名)	liàowàngtái	5-5
立刻	(副)	lìkè	5-8		邻居	(名)	línjū	5-7
利息	(名)	lìxī	6-10		临	(介)	lín	7-7
利益	(名)	lìyì	7-9		灵	(形)	líng	4-4
利用	(动)	lìyòng	6-9		灵感	(名)	línggǎn	6-8
利于	(动)	lìyú	4-10		灵活	(形)	línghuó	7-7
例如	(动)	lìrú	6-5		铃声	(名)	língshēng	7-1
俩	(数量)	liǎ	4-3		聆听	(动)	língtīng	6-10
连	(动)	lián	3-10		领	(动)	lǐng	5-8
连接	(动)	liánjiē	5-5		领导	(名)	lǐngdǎo	5-3
连忙	(副)	liánmáng	4-2		另	(代)	lìng	5-2
连声	(副)	liánshēng	6-4		另外	(连)	lìngwài	5-10
连……也/都……		lián…yě/dōu…	4-6		留	(动)	liú	4-3
联系	(动)	liánxì	6-2		留步	(动)	liúbù	4-2
脸	(名)	liǎn	3-2		留念	(动)	liúniàn	6-8
脸色	(名)	liǎnsè	3-2		留学	(动)	liúxué	2-5
练	(动)	liàn	1-7		留学生	(名)	liúxuéshēng	2-5
练习	(名)	liànxí	1-7		流	(动)	liú	6-3
恋爱	(名、动)	liàn'ài	5-7		流动	(动)	liúdòng	7-9
良	(形)	liáng	4-10		流利	(形)	liúlì	2-6
良药苦口利于病		liángyào kǔkǒu lìyú bìng	4-10		六	(数)	liù	1-1
凉	(形)	liáng	7-6		龙	(名)	lóng	5-4
凉快	(形)	liángkuai	2-3		龙井	(名)	lóngjǐng	6-7
量	(动)	liáng	3-4		隆重	(形)	lóngzhòng	7-7
粮食	(名)	liángshi	7-2		楼	(名)	lóu	1-8
两	(数)	liǎng	2-2		楼梯	(名)	lóutī	6-9
两	(量)	liǎng	3-3		录取	(动)	lùqǔ	6-10
亮	(形)	liàng	5-4		录像	(动、名)	lùxiàng	5-7
辆	(量)	liàng	3-6		录音	(名)	lùyīn	1-10
聊天儿	(动)	liáotiānr	2-5		录音笔	(名)	lùyīnbǐ	3-4
了	(动)	liǎo	5-1		路	(名)	lù	1-9
了不起	(形)	liǎobuqǐ	6-5		路口	(名)	lùkǒu	4-9
了解	(动)	liǎojiě	2-5		路况	(名)	lùkuàng	6-10
了却	(动)	liǎoquè	7-7		路上	(名)	lùshang	5-3
					路线	(名)	lùxiàn	4-9

旅伴	(名)	lǚbàn	6-8
旅馆	(名)	lǚguǎn	7-2
旅行	(动)	lǚxíng	2-5
旅行社	(名)	lǚxíngshè	5-1
旅游	(动)	lǚyóu	4-3
绿	(形)	lǜ	5-5
绿茶	(名)	lǜchá	3-3
乱	(形)	luàn	6-5
轮	(量)	lún	5-4
论证	(动)	lùnzhèng	7-9
落	(动)	luò	7-2
落后	(动)	luòhòu	7-9

M

妈妈	(名)	māma	1-9
麻	(形)	má	4-6
麻烦	(动)	máfan	3-5
麻将	(名)	májiàng	5-7
马	(名)	mǎ	4-3
马虎	(形)	mǎhu	7-1
马路	(名)	mǎlù	4-9
马上	(副)	mǎshàng	4-7
骂	(动)	mà	4-8
吗	(助)	ma	1-3
嘛	(助)	ma	4-10
埋	(动)	mái	6-8
买	(动)	mǎi	1-6
买单	(动)	mǎidān	6-1
买卖	(名)	mǎimai	5-3
迈	(动)	mài	7-3
卖	(动)	mài	3-3
馒头	(名)	mántou	1-4
满	(形)	mǎn	4-6
满意	(动)	mǎnyì	4-6
满月	(动)	mǎnyuè	6-5
满足	(动)	mǎnzú	4-1
慢	(形)	màn	2-5
忙	(形)	máng	1-4
盲肠	(名)	mángcháng	4-10
盲肠炎	(名)	mángchángyán	4-10
毛	(量)	máo	3-3
毛	(名)	máo	6-6
毛病	(名)	máobìng	5-8
毛峰	(名)	máofēng	6-7
毛衣	(名)	máoyī	3-6
矛盾	(名、动)	máodùn	4-8
茅台酒	(名)	máotáijiǔ	3-6
冒	(动)	mào	4-1
冒火	(动)	màohuǒ	6-2
帽子	(名)	màozi	5-2
没	(动)	méi	1-7
没关系		méi guānxi	2-6
没有	(动)	méiyǒu	1-7
眉毛	(名)	méimao	6-3
每	(代)	měi	1-5
每天		měi tiān	1-5
美	(形)	měi	4-5
美德	(名)	měidé	7-7
美观	(形)	měiguān	7-8
美好	(形)	měihǎo	3-10
美丽	(形)	měilì	5-4
美满	(形)	měimǎn	6-10
美食城	(名)	měishíchéng	4-5
美食家	(名)	měishíjiā	4-5
美术	(名)	měishù	6-8
美味佳肴		měiwèi jiāyáo	4-5
美元	(名)	měiyuán	2-3
妹妹	(名)	mèimei	2-1
门	(名)	mén	2-7

门	(量)	mén	7-3		名字	(名)	míngzi	1-8
门口	(名)	ménkǒu	3-1		明白	(形)	míngbai	2-10
门诊部	(名)	ménzhěnbù	4-10		明亮	(形)	míngliàng	5-4
们		men	3-7		明码标价		míngmǎ biāojià	3-9
猛	(副)	měng	5-6		明年	(名)	míngnián	3-2
猛然	(副)	měngrán	6-2		明天	(名)	míngtiān	1-9
梦	(动、名)	mèng	4-7		明信片	(名)	míngxìnpiàn	3-5
梦想	(名)	mèngxiǎng	5-5		命	(名)	mìng	4-9
迷	(动)	mí	3-1		命名	(动)	mìngmíng	6-6
……迷		…mí	3-1		摸	(动)	mō	4-9
米	(量)	mǐ	3-2		模仿	(动)	mófǎng	5-10
米饭	(名)	mǐfàn	1-4		模糊	(形)	móhu	7-8
秘密	(名)	mìmì	6-1		模特儿	(名)	mótèr	7-8
秘书	(名)	mìshū	7-2		摩托车	(名)	mótuōchē	5-8
面	(名)	miàn	6-7		茉莉花	(名)	mòlìhuā	6-7
面包	(名)	miànbāo	3-6		茉莉花茶	(名)	mòlìhuāchá	6-7
面积	(名)	miànjī	5-6		默默	(副)	mòmò	7-2
面料	(名)	miànliào	3-9		某	(代)	mǒu	3-9
面前	(名)	miànqián	7-5		母亲	(名)	mǔqin	2-9
面试	(动)	miànshì	7-3		母校	(名)	mǔxiào	7-7
面试官	(名)	miànshìguān	7-3		木		mù	4-10
面条儿	(名)	miàntiáor	4-1		目的	(名)	mùdì	2-5
面子	(名)	miànzi	5-10		牧民	(名)	mùmín	6-7
苗条	(形)	miáotiao	6-3				**N**	
秒	(量)	miǎo	3-2					
民歌	(名)	míngē	5-4		拿	(动)	ná	3-3
民俗	(名)	mínsú	5-2		拿手	(形)	náshǒu	4-6
民族	(名)	mínzú	5-4		拿……来说		ná…lái shuō	4-5
名称	(名)	míngchēng	6-6		哪	(代)	nǎ	1-4
名单	(名)	míngdān	7-1		哪里	(代)	nǎli	3-5
名贵	(形)	míngguì	7-8		哪怕……也/都……		nǎpà…yě/dōu…	7-6
名牌儿	(名)	míngpáir	3-9		哪儿	(代)	nǎr	1-7
名片	(名)	míngpiàn	4-2		哪	(助)	na	4-1
名儿	(名)	míngr	4-5		那	(代)	nà	1-5
名胜	(名)	míngshèng	4-3					

那	（连）	nà	3-9
那边	（名）	nàbian	1-5
那里	（代）	nàlǐ	5-10
那么	（代）	nàme	1-9
那儿	（代）	nàr	1-6
那样	（代）	nàyàng	5-4
奶	（名）	nǎi	5-2
奶茶	（名）	nǎichá	6-7
奶奶	（名）	nǎinai	1-9
耐心	（形、名）	nàixīn	5-4
男	（形）	nán	1-5
男孩儿	（名）	nánháir	3-7
男人	（名）	nánren	4-8
男生	（名）	nánshēng	2-4
男声	（名）	nánshēng	6-2
南	（名）	nán	3-1
南方	（名）	nánfāng	2-5
南门	（名）	nánmén	3-1
南面	（名）	nánmiàn	4-2
难	（形）	nán	1-10
难得	（形）	nándé	6-5
难怪	（副）	nánguài	7-5
难过	（形）	nánguò	5-9
难受	（形）	nánshòu	7-5
难以忘怀		nányǐ wànghuái	6-9
闹	（动、形）	nào	5-9
闹钟	（名）	nàozhōng	5-9
呢	（助）	ne	1-4
内		nèi	4-10
内科	（名）	nèikē	4-10
内容	（名）	nèiróng	5-2
能	（能动）	néng	2-5
能力	（名）	nénglì	7-3
你	（代）	nǐ	1-1
你们	（代）	nǐmen	1-2
年	（名）	nián	2-6
年代	（名）	niándài	5-6
年级	（名）	niánjí	2-2
年纪	（名）	niánjì	2-4
年龄	（名）	niánlíng	2-9
年轻	（形）	niánqīng	2-4
念	（动）	niàn	1-5
您	（代）	nín	1-2
宁可……也……		nìngkě…yě…	7-9
牛毛	（名）	niúmáo	6-6
牛奶	（名）	niúnǎi	5-2
牛肉	（名）	niúròu	1-4
农村	（名）	nóngcūn	7-9
农历	（名）	nónglì	5-4
农贸市场		nóngmào shìchǎng	5-3
农民	（名）	nóngmín	5-8
浓	（形）	nóng	6-6
浓厚	（形）	nónghòu	6-6
弄	（动）	nòng	5-8
努力	（形）	nǔlì	3-2
女	（形）	nǚ	1-5
女儿	（名）	nǚ'ér	2-4
女孩儿	（名）	nǚháir	3-7
女孩子	（名）	nǚháizi	2-9
女人	（名）	nǚrén	4-8
女生	（名）	nǚshēng	2-4
女声	（名）	nǚshēng	6-2
女士	（名）	nǚshì	3-9
暖和	（形）	nuǎnhuo	2-3
暖气	（名）	nuǎnqì	2-3

O

哦	（叹）	ó	7-2

哦	（叹）	ò	7-2
呕吐	（动）	ǒutù	7-5

P

爬	（动）	pá	3-8
怕	（动）	pà	3-7
拍	（动）	pāi	7-6
拍摄	（动）	pāishè	6-8
拍照	（动）	pāizhào	6-8
排	（动、名）	pái	6-1
排队	（动）	páiduì	6-1
排列	（动）	páiliè	6-6
排球	（名）	páiqiú	4-5
牌子	（名）	páizi	5-10
派	（动）	pài	4-9
盘	（量）	pán	4-6
盼	（动）	pàn	6-5
盼望	（动）	pànwàng	6-5
旁	（名）	páng	2-8
旁边	（名）	pángbiān	2-8
胖	（形）	pàng	4-1
跑	（动）	pǎo	2-6
跑步	（动）	pǎobù	7-6
陪	（动）	péi	4-7
陪伴	（动）	péibàn	6-9
培训	（动）	péixùn	7-3
培养	（动）	péiyǎng	7-7
佩服	（动）	pèifu	6-2
配偶	（名）	pèi'ǒu	7-1
朋友	（名）	péngyou	1-4
碰	（动）	pèng	6-9
碰见	（动）	pèngjiàn	6-9
批	（量）	pī	3-9
批评	（动）	pīpíng	4-2
皮	（名）	pí	6-3
皮带	（名）	pídài	7-6
皮肤	（名）	pífū	6-3
皮鞋	（名）	píxié	3-3
啤酒	（名）	píjiǔ	3-6
脾气	（名）	píqi	6-4
匹	（量）	pǐ	5-8
偏	（副）	piān	6-8
偏偏	（副）	piānpiān	6-8
篇	（量）	piān	2-6
便宜	（形）	piányi	1-6
片	（名、量）	piàn	3-4
骗	（动）	piàn	3-3
票	（名）	piào	3-1
漂亮	（形）	piàoliang	2-7
品尝	（动）	pǐncháng	4-5
……品		…pǐn	5-9
聘请	（动）	pìnqǐng	4-1
乒乓球	（名）	pīngpāngqiú	4-5
平	（形）	píng	7-5
平安	（形）	píng'ān	7-4
平等	（形）	píngděng	4-8
平方	（名、量）	píngfāng	5-6
平方米	（量）	píngfāngmǐ	5-6
平衡	（动、形）	pínghéng	7-9
平静	（形）	píngjìng	6-2
平均	（动）	píngjūn	6-8
平时	（名）	píngshí	4-9
平台	（名）	píngtái	6-2
评	（动）	píng	7-4
评选	（动）	píngxuǎn	7-4
苹果	（名）	píngguǒ	2-3
凭	（介）	píng	7-7
瓶	（量）	píng	3-6
婆婆	（名）	pópo	6-5
破	（形、动）	pò	5-3

破坏	（动）	pòhuài	6-8
破旧	（形）	pòjiù	5-3
扑克	（名）	pūkè	5-7
铺	（动）	pū	4-7
葡萄	（名）	pútao	4-6
葡萄酒	（名）	pútaojiǔ	4-6
普洱茶	（名）	pǔ'ěrchá	3-3
普通	（形）	pǔtōng	5-2
普通话	（名）	pǔtōnghuà	5-2

Q

七	（数）	qī	1-1
沏	（动）	qī	4-7
妻管严		qīguǎnyán	4-8
妻子	（名）	qīzi	3-6
期	（名）	qī	5-2
期间	（名）	qījiān	5-10
期限	（名）	qīxiàn	7-1
其次	（代）	qícì	6-7
其实	（副）	qíshí	5-10
其他	（代）	qítā	6-9
其中	（名）	qízhōng	6-10
奇怪	（形）	qíguài	3-3
奇迹	（名）	qíjì	5-5
奇特	（形）	qítè	6-6
骑	（动）	qí	2-8
棋	（名）	qí	5-7
企业	（名）	qǐyè	7-3
启发	（动）	qǐfā	6-8
起床	（动）	qǐchuáng	3-1
起名儿	（动）	qǐmíngr	6-5
气	（动）	qì	7-5
气氛	（名）	qìfēn	5-6
气功	（名）	qìgōng	4-7
气管	（名）	qìguǎn	4-8
气管炎	（名）	qìguǎnyán	4-8
气候	（名）	qìhòu	7-4
气温	（名）	qìwēn	3-2
汽车	（名）	qìchē	2-8
汽车站	（名）	qìchēzhàn	4-9
汽水儿	（名）	qìshuǐr	4-6
洽谈	（动）	qiàtán	6-7
恰恰	（副）	qiàqià	7-4
千	（数）	qiān	3-2
千儿八百		qiān'er-bābǎi	5-7
千万	（副）	qiānwàn	4-9
迁居	（动）	qiānjū	6-3
铅笔	（名）	qiānbǐ	2-2
谦虚	（形）	qiānxū	4-1
签订	（动）	qiāndìng	7-10
签字	（动）	qiānzì	3-8
前	（名）	qián	1-8
前边	（名）	qiánbian	1-8
前面	（名）	qiánmiàn	4-2
前年	（名）	qiánnián	3-2
前天	（名）	qiántiān	2-3
钱	（名）	qián	2-2
钱包	（名）	qiánbāo	2-8
浅	（形）	qiǎn	6-2
强	（形）	qiáng	5-8
强调	（动）	qiángdiào	5-10
强壮	（形）	qiángzhuàng	5-8
墙	（名）	qiáng	2-8
敲	（动）	qiāo	2-7
桥	（名）	qiáo	3-7
瞧	（动）	qiáo	3-3
巧克力	（名）	qiǎokèlì	7-6
切	（动）	qiē	7-4
亲爱	（形）	qīn'ài	3-6
亲戚	（名）	qīnqi	5-7

亲切	（形）	qīnqiè	6-2
亲人	（名）	qīnrén	4-10
亲手	（副）	qīnshǒu	6-4
亲眼	（副）	qīnyǎn	6-8
亲自	（副）	qīnzì	6-6
琴	（名）	qín	6-8
勤劳	（形）	qínláo	7-7
青	（形）	qīng	4-6
青菜	（名）	qīngcài	4-6
青年	（名）	qīngnián	7-5
青蛙	（名）	qīngwā	7-9
轻	（形）	qīng	5-2
轻松	（形）	qīngsōng	4-2
清	（形）	qīng	6-3
清白	（形）	qīngbái	7-5
清楚	（形）	qīngchu	2-6
清淡	（形）	qīngdàn	4-5
情景	（名）	qíngjǐng	6-8
情况	（名）	qíngkuàng	1-8
情人	（名）	qíngrén	3-6
晴	（形）	qíng	3-2
晴朗	（形）	qínglǎng	5-4
请	（动）	qǐng	1-8
请假	（动）	qǐngjià	3-7
请柬	（名）	qǐngjiǎn	7-10
请客	（动）	qǐngkè	2-2
请求	（动、名）	qǐngqiú	6-9
请示	（动）	qǐngshì	6-9
请问	（动）	qǐngwèn	1-8
庆祝	（动）	qìngzhù	3-6
穷	（形）	qióng	6-10
秋季	（名）	qiūjì	3-2
秋天	（名）	qiūtiān	3-2
求	（动）	qiú	7-3

求职	（动）	qiúzhí	7-3
球	（名）	qiú	3-1
区		qū	2-10
区别	（名）	qūbié	6-1
曲艺	（名）	qǔyì	6-7
取	（动）	qǔ	3-6
取得	（动）	qǔdé	3-7
娶	（动）	qǔ	5-7
去	（动）	qù	1-6
去年	（名）	qùnián	3-2
去世	（动）	qùshì	4-4
趣闻	（名）	qùwén	6-9
圈子	（名）	quānzi	6-10
全	（形）	quán	2-7
全部	（形）	quánbù	7-7
全家福	（名）	quánjiāfú	4-7
全面	（形）	quánmiàn	6-5
全体	（名）	quántǐ	6-10
泉	（名）	quán	6-7
拳	（名）	quán	3-10
缺	（动）	quē	3-4
缺点	（名）	quēdiǎn	5-10
缺少	（动）	quēshǎo	6-7
却	（副）	què	5-2
确定	（形、动）	quèdìng	7-5
确实	（副）	quèshí	5-5
裙子	（名）	qúnzi	3-9
群	（量）	qún	5-8

R

然后	（连）	ránhòu	3-8
嚷	（动）	rǎng	6-9
让	（动）	ràng	2-7
让	（介）	ràng	5-8

让座儿	（动）	ràngzuòr	5-6		荣获	（动）	rónghuò	7-4
绕	（动）	rào	5-5		荣誉	（名）	róngyù	7-4
热	（形）	rè	2-3		容易	（形）	róngyì	1-10
热乎乎	（形）	rèhūhū	5-1		肉	（名）	ròu	4-5
热泪盈眶		rèlèi yíngkuàng	6-10		如	（连）	rú	5-3
热烈	（形）	rèliè	6-10		如果	（连）	rúguǒ	5-3
热闹	（形）	rènao	4-7		如今	（名）	rújīn	6-10
热情	（形）	rèqíng	3-3		如意	（动）	rúyì	2-7
热心	（形）	rèxīn	5-1		入	（动）	rù	7-1
人	（名）	rén	1-3		软	（形）	ruǎn	5-7
人才	（名）	réncái	7-3		弱	（形）	ruò	5-8
人际	（形）	rénjì	7-3		**S**			
人家	（代）	rénjia	5-1		洒	（动）	sǎ	5-4
人口	（名）	rénkǒu	5-6		赛	（动）	sài	3-1
人类	（名）	rénlèi	5-5		三	（数）	sān	1-1
人们	（名）	rénmen	3-4		伞	（名）	sǎn	4-1
人民币	（名）	rénmínbì	2-3		散	（动）	sàn	4-2
人生	（名）	rénshēng	4-3		散步	（动）	sànbù	3-2
人体	（名）	réntǐ	6-7		嗓子	（名）	sǎngzi	2-9
人为	（形）	rénwéi	6-8		扫码	（动）	sǎomǎ	4-6
人物	（名）	rénwù	6-6		嫂子	（名）	sǎozi	1-9
人员	（名）	rényuán	7-2		色	（名）	sè	3-2
认识	（动）	rènshi	1-4		森林	（名）	sēnlín	7-9
认为	（动）	rènwéi	2-5		沙丁鱼	（名）	shādīngyú	5-6
认真	（形）	rènzhēn	3-7		沙发	（名）	shāfā	3-7
任何	（代）	rènhé	6-4		沙子	（名）	shāzi	6-8
任意	（副）	rènyì	6-1		傻	（形）	shǎ	5-1
扔	（动）	rēng	7-2		山	（名）	shān	2-8
日	（名）	rì	2-9		山泉	（名）	shānquán	6-7
日报	（名）	rìbào	4-2		山山水水		shānshānshuǐshuǐ	4-3
日记	（名）	rìjì	5-5		伤	（名、动）	shāng	5-10
日历	（名）	rìlì	3-2		商场	（名）	shāngchǎng	3-9
日期	（名）	rìqī	5-3		商店	（名）	shāngdiàn	1-6
日子	（名）	rìzi	5-8					

商贩	(名)	shāngfàn	5-3		深刻	(形)	shēnkè	7-5
商量	(动)	shāngliang	3-8		深情	(形、名)	shēnqíng	6-4
商品	(名)	shāngpǐn	7-3		什么	(代)	shénme	1-4
商业	(名)	shāngyè	7-8		神经病	(名)	shénjīngbìng	6-9
上	(名)	shàng	1-6		神圣	(形)	shénshèng	2-5
上班	(动)	shàngbān	2-10		婶子	(名)	shěnzi	4-7
上边	(名)	shàngbian	1-6		甚至	(连)	shènzhì	7-3
上等	(形)	shàngděng	6-7		升	(动)	shēng	5-4
上课	(动)	shàngkè	2-2		生	(动)	shēng	4-9
上面	(名)	shàngmiàn	4-2		生病	(动)	shēngbìng	4-9
上任	(动)	shàngrèn	7-9		生产	(动)	shēngchǎn	3-9
上网	(动)	shàngwǎng	3-10		生词	(名)	shēngcí	1-5
上午	(名)	shàngwǔ	2-2		生动	(形)	shēngdòng	5-6
上衣	(名)	shàngyī	3-9		生分	(形)	shēngfen	6-5
上游	(名)	shàngyóu	7-9		生活	(名)	shēnghuó	2-10
上涨	(动)	shàngzhǎng	6-3		生气	(动)	shēngqì	4-4
稍	(副)	shāo	4-6		生日	(名)	shēngrì	2-6
稍微	(副)	shāowēi	7-10		生意	(名)	shēngyi	3-2
少	(形)	shǎo	2-2		生鱼片	(名)	shēngyúpiàn	4-6
蛇	(名)	shé	4-5		声	(名)	shēng	5-6
设	(动)	shè	7-7		声调	(名)	shēngdiào	1-10
设备	(名)	shèbèi	6-6		声音	(名)	shēngyīn	5-6
设计	(动、名)	shèjì	4-5		省	(动)	shěng	5-2
社会	(名)	shèhuì	5-2		省	(名)	shěng	5-5
摄氏度	(量)	shèshìdù	3-2		胜利	(动)	shènglì	7-8
谁	(代)	shéi	2-1		剩	(动)	shèng	7-4
申请	(动)	shēnqǐng	7-1		失败	(动)	shībài	7-3
伸	(动)	shēn	6-2		失眠	(动)	shīmián	6-9
身材	(名)	shēncái	6-3		失去	(动)	shīqù	7-8
身高	(名)	shēngāo	5-1		失望	(形)	shīwàng	5-1
身上	(名)	shēnshang	3-9		失业	(动)	shīyè	6-3
身体	(名)	shēntǐ	1-7		师傅	(名)	shīfu	3-9
深	(形)	shēn	6-2		诗	(名)	shī	4-1
深厚	(形)	shēnhòu	3-10		诗人	(名)	shīrén	4-1

十	（数）	shí	1-1
十分	（副）	shífēn	3-9
十字路口		shízì lùkǒu	4-9
石雕	（名）	shídiāo	6-8
石窟	（名）	shíkū	6-8
石（头）	（名）	shí(tou)	5-5
时代	（名）	shídài	6-5
时光	（名）	shíguāng	3-10
时候	（名）	shíhou	1-10
时间	（名）	shíjiān	2-4
时髦	（形）	shímáo	6-2
时期	（名）	shíqī	5-5
时装	（名）	shízhuāng	7-8
实践	（动）	shíjiàn	6-9
实时	（副）	shíshí	6-10
实习	（动）	shíxí	7-3
实现	（动）	shíxiàn	4-3
实在	（副、形）	shízài	4-2
食		shí	4-5
食品	（名）	shípǐn	4-3
食堂	（名）	shítáng	1-6
使	（动）	shǐ	3-6
使用	（动）	shǐyòng	5-10
始终	（副）	shǐzhōng	7-7
世代	（名）	shìdài	6-9
世界	（名）	shìjiè	2-2
世上	（名）	shìshàng	3-10
世世代代		shìshìdàidài	6-9
市	（名）	shì	2-10
市场	（名）	shìchǎng	3-3
市区	（名）	shìqū	2-10
似的	（助）	shìde	5-6
事故	（名）	shìgù	7-4
事情	（名）	shìqing	3-8

事儿	（名）	shìr	1-9
事实	（名）	shìshí	5-10
事业	（名）	shìyè	7-7
试	（动）	shì	1-10
试验	（动）	shìyàn	7-2
视频	（名）	shìpín	3-10
是	（动）	shì	1-3
适合	（动）	shìhé	5-6
室		shì	2-4
收	（动）	shōu	3-6
收获	（名）	shōuhuò	6-10
收获	（动）	shōuhuò	7-4
收件人	（名）	shōujiànrén	5-9
收据	（名）	shōujù	3-5
收入	（名）	shōurù	6-8
收拾	（动）	shōushi	2-6
收听	（动）	shōutīng	6-10
手	（名）	shǒu	1-6
手表	（名）	shǒubiǎo	1-6
手机	（名）	shǒujī	1-6
手术	（名）	shǒushù	4-10
手提电脑		shǒutí diànnǎo	3-10
手续	（名）	shǒuxù	6-9
手纸	（名）	shǒuzhǐ	5-10
手指	（名）	shǒuzhǐ	6-4
首	（量）	shǒu	3-10
首		shǒu	6-3
首都	（名）	shǒudū	6-3
首先	（副）	shǒuxiān	5-6
寿		shòu	2-7
受	（动）	shòu	3-9
受伤	（动）	shòushāng	5-10
售货员	（名）	shòuhuòyuán	3-9
售票员	（名）	shòupiàoyuán	5-1

瘦	(形)	shòu	5-3		水煮牛肉		shuǐzhǔ niúròu	4-5
书	(名)	shū	1-6		税	(名)	shuì	6-10
书包	(名)	shūbāo	5-8		睡觉	(动)	shuìjiào	3-1
书店	(名)	shūdiàn	1-6		睡眠	(名)	shuìmián	7-6
书法	(名)	shūfǎ	4-1		顺	(介)	shùn	4-9
书房	(名)	shūfáng	4-7		顺	(动)	shùn	6-2
书柜	(名)	shūguì	3-7		顺便	(副)	shùnbiàn	2-10
书记	(名)	shūjì	7-5		顺利	(形)	shùnlì	2-7
书架	(名)	shūjià	1-6		顺路	(形)	shùnlù	6-2
书桌	(名)	shūzhuō	3-7		说	(动)	shuō	1-5
叔叔	(名)	shūshu	4-4		说不定	(副)	shuōbudìng	4-4
舒服	(形)	shūfu	2-9		说法	(名)	shuōfǎ	5-5
输	(动)	shū	4-1		说明	(动)	shuōmíng	6-4
蔬菜	(名)	shūcài	6-6		硕士	(名)	shuòshì	5-6
熟	(形)	shú	4-2		司机	(名)	sījī	5-1
暑假	(名)	shǔjià	7-9		丝	(名)	sī	4-6
属	(动)	shǔ	2-6		丝绸	(名)	sīchóu	3-9
数	(动)	shǔ	2-7		私人	(名)	sīrén	3-8
树	(名)	shù	4-10		私事	(名)	sīshì	5-2
树林	(名)	shùlín	4-10		思念	(动)	sīniàn	7-7
数		shù	2-7		死	(动)	sǐ	5-7
数码相机	(名)	shùmǎ xiàngjī	5-8		四	(数)	sì	1-1
数目	(名)	shùmù	6-6		四合院儿	(名)	sìhéyuànr	4-7
数学	(名)	shùxué	4-8		四世同堂		sì shì tóngtáng	4-7
数字	(名)	shùzì	2-7		似	(动)	sì	6-6
刷卡	(动)	shuākǎ	4-6		送	(动)	sòng	2-2
摔	(动)	shuāi	5-8		送行	(动)	sòngxíng	7-7
帅	(形)	shuài	5-1		酥油	(名)	sūyóu	6-7
双	(形)	shuāng	2-3		酥油茶	(名)	sūyóuchá	6-7
双方	(名)	shuāngfāng	7-2		俗话	(名)	súhuà	4-2
水	(名)	shuǐ	2-8		速成	(动)	sùchéng	1-8
水果	(名)	shuǐguǒ	2-6		速度	(名)	sùdù	7-2
水面	(名)	shuǐmiàn	6-7		宿舍	(名)	sùshè	1-7
水平	(名)	shuǐpíng	3-5		酸	(形)	suān	4-6

酸辣汤	(名)	suānlàtāng	4-6
算是	(动)	suànshì	4-8
算账	(动)	suànzhàng	7-2
虽然	(连)	suīrán	3-10
随	(动)	suí	6-3
随便	(动)	suíbiàn	2-9
随后	(副)	suíhòu	7-10
随时	(副)	suíshí	5-2
岁	(量)	suì	2-9
岁数	(名)	suìshu	4-7
碎	(形)	suì	7-5
孙子	(名)	sūnzi	6-10
损失	(动、名)	sǔnshī	7-4
所	(量)	suǒ	3-6
所	(名)	suǒ	5-1
所以	(连)	suǒyǐ	5-3
所有	(形)	suǒyǒu	4-4
所长	(名)	suǒzhǎng	5-1
T			
他	(代)	tā	1-2
她	(代)	tā	1-2
塔	(名)	tǎ	6-3
台	(量)	tái	3-8
台阶	(名)	táijiē	5-5
抬	(动)	tái	5-7
太	(副)	tài	1-4
太极拳	(名)	tàijíquán	3-10
太太	(名)	tàitai	3-9
太阳	(名)	tàiyáng	5-4
态度	(名)	tàidu	3-9
摊位	(名)	tānwèi	7-8
谈	(动)	tán	2-1
弹	(动)	tán	6-8
坦率	(形)	tǎnshuài	6-10
汤	(名)	tāng	4-6
糖	(名)	táng	4-4
躺	(动)	tǎng	4-7
趟	(量)	tàng	5-8
掏	(动)	tāo	6-2
讨	(动)	tǎo	5-1
讨好	(动)	tǎohǎo	7-10
讨价还价		tǎojià-huánjià	3-9
讨论	(动)	tǎolùn	6-5
讨厌	(动)	tǎoyàn	6-4
套	(量)	tào	3-3
特别	(副)	tèbié	2-5
特定	(形)	tèdìng	7-10
特色	(名)	tèsè	4-1
特殊	(形)	tèshū	7-10
特意	(副)	tèyì	5-9
疼	(形)	téng	2-9
腾飞	(动)	téngfēi	5-5
踢	(动)	tī	3-1
提	(动)	tí	3-7
提高	(动)	tígāo	3-10
提供	(动)	tígōng	7-9
提前	(动)	tíqián	5-6
提醒	(动)	tíxǐng	6-9
题目	(名)	tímù	6-1
体会	(动)	tǐhuì	7-5
体温	(名)	tǐwēn	2-9
体育	(名)	tǐyù	3-1
体育场	(名)	tǐyùchǎng	3-1
体重	(名)	tǐzhòng	4-4
天	(名)	tiān	1-5
天空	(名)	tiānkōng	5-4
天气	(名)	tiānqì	2-10
天使	(名)	tiānshǐ	4-10

添	(动)	tiān	4-9
甜	(形)	tián	4-4
填	(动)	tián	3-8
填写	(动)	tiánxiě	5-9
挑	(动)	tiāo	3-9
挑剔	(动)	tiāoti	7-8
条	(量)	tiáo	2-8
条件	(名)	tiáojiàn	3-10
调	(动)	tiáo	6-9
跳舞	(动)	tiàowǔ	3-3
贴	(动)	tiē	3-5
铁路	(名)	tiělù	4-4
厅	(名)	tīng	3-6
听	(动)	tīng	1-10
听	(名)	tīng	4-6
听力	(名)	tīnglì	2-4
听说	(动)	tīngshuō	2-8
听写	(动)	tīngxiě	1-10
停	(动)	tíng	5-3
挺	(副)	tǐng	4-1
通	(动)	tōng	2-9
通过	(介)	tōngguò	6-10
通过	(动)	tōngguò	7-2
通信	(动)	tōngxìn	7-1
通知	(名、动)	tōngzhī	2-6
……通		…tōng	3-5
同	(副)	tóng	2-10
同居	(动)	tóngjū	2-10
同时	(名、连)	tóngshí	6-5
同学	(名)	tóngxué	1-8
同样	(形)	tóngyàng	6-2
同意	(动)	tóngyì	3-6
统计	(动)	tǒngjì	5-6
统一	(动)	tǒngyī	5-5

痛	(形)	tòng	6-4
痛苦	(形)	tòngkǔ	5-10
痛快	(形)	tòngkuai	6-9
偷	(动、副)	tōu	4-4
偷偷	(副)	tōutōu	4-4
头	(名)	tóu	2-9
头发	(名)	tóufa	6-3
头脑	(名)	tóunǎo	7-7
投	(形)	tóu	7-5
透	(形)	tòu	5-9
突然	(形)	tūrán	2-10
图	(名)	tú	1-7
图片	(名)	túpiàn	5-5
图书馆	(名)	túshūguǎn	1-7
吐	(动)	tù	7-4
兔	(名)	tù	2-6
兔子	(名)	tùzi	2-6
团聚	(动)	tuánjù	7-7
团圆	(动)	tuányuán	5-4
推	(动)	tuī	4-8
推销	(动)	tuīxiāo	7-3
腿	(名)	tuǐ	5-8
退	(动)	tuì	5-3
退休	(动)	tuìxiū	7-7
拖	(动)	tuō	7-6
拖拉	(形)	tuōlā	6-9
脱	(动)	tuō	6-4

W

娃娃菜	(名)	wáwacài	4-6
袜子	(名)	wàzi	3-6
哇	(助)	wa	7-2
外	(名)	wài	2-8
外币	(名)	wàibì	3-8

外边	（名）	wàibian	2-8		网球	（名）	wǎngqiú	4-5
外国	（名）	wàiguó	3-6		往	（介）	wǎng	3-5
外交	（名）	wàijiāo	7-1		往常	（名）	wǎngcháng	6-10
外科	（名）	wàikē	4-10		往往	（副）	wǎngwǎng	6-5
外面	（名）	wàimiàn	4-2		忘	（动）	wàng	3-6
外人	（名）	wàirén	6-9		忘记	（动）	wàngjì	3-6
外商	（名）	wàishāng	7-2		望	（动）	wàng	5-4
外套	（名）	wàitào	3-9		危机	（名）	wēijī	7-9
外文	（名）	wàiwén	1-8		危险	（形）	wēixiǎn	6-9
外语	（名）	wàiyǔ	1-8		威胁	（动）	wēixié	7-9
弯	（形）	wān	6-3		微	（形）	wēi	3-10
弯曲	（形）	wānqū	5-5		微风	（名）	wēifēng	3-10
丸	（名、量）	wán	3-4		微笑	（动、名）	wēixiào	6-2
丸药	（名）	wányào	3-4		微信	（名）	wēixìn	3-3
完	（动）	wán	2-5		为	（动）	wéi	6-8
完成	（动）	wánchéng	3-7		为人	（名）	wéirén	6-10
完好	（形）	wánhǎo	6-8		围	（动）	wéi	5-5
完全	（副）	wánquán	1-10		围绕	（动）	wéirào	5-5
玩儿	（动）	wánr	1-8		维生素	（名）	wéishēngsù	6-7
玩笑	（名）	wánxiào	3-6		伟大	（形）	wěidà	5-5
晚	（形）	wǎn	3-7		伪劣	（形）	wěiliè	4-4
晚报	（名）	wǎnbào	4-2		尾号	（名）	wěihào	6-10
晚饭	（名）	wǎnfàn	3-1		卫生	（名、形）	wèishēng	5-10
晚会	（名）	wǎnhuì	2-6		卫生纸	（名）	wèishēngzhǐ	5-10
晚上	（名）	wǎnshang	1-5		为	（介）	wèi	2-1
碗	（名）	wǎn	4-6		为了	（介）	wèile	4-4
万	（数）	wàn	2-7		为什么		wèi shénme	2-1
万事	（名）	wànshì	2-7		未	（副）	wèi	7-1
万事如意		wànshì-rúyì	2-7		未婚妻	（名）	wèihūnqī	7-1
万一	（连）	wànyī	6-10		未来	（形、名）	wèilái	7-1
网	（名）	wǎng	3-3		位	（量）	wèi	1-8
网吧	（名）	wǎngbā	3-10		味道	（名）	wèidao	3-3
网购	（动）	wǎnggòu	3-3		味儿	（名）	wèir	5-1
网络	（名）	wǎngluò	6-6		胃	（名）	wèi	4-10

喂	（叹）	wèi	3-1
文化	（名）	wénhuà	2-5
文件	（名）	wénjiàn	3-8
文明	（形、名）	wénmíng	7-8
文学	（名）	wénxué	3-5
文艺	（名）	wényì	6-9
文章	（名）	wénzhāng	2-6
闻	（动）	wén	7-9
闻名	（动）	wénmíng	4-5
吻	（动）	wěn	6-10
问	（动）	wèn	1-8
问好	（动）	wènhǎo	5-3
问号	（名）	wènhào	5-5
问候	（动）	wènhòu	3-10
问题	（名）	wèntí	2-5
我	（代）	wǒ	1-2
卧	（动）	wò	6-8
卧室	（名）	wòshì	4-4
握	（动）	wò	3-5
乌龙茶	（名）	wūlóngchá	2-9
污染	（动）	wūrǎn	7-4
污水	（名）	wūshuǐ	7-9
屋	（名）	wū	3-7
屋子	（名）	wūzi	3-7
无	（动）	wú	6-4
无轨电车		wúguǐ-diànchē	4-4
无话不说		wúhuà-bùshuō	6-10
无价	（动）	wújià	6-4
无论如何		wúlùn-rúhé	6-3
无疑	（动）	wúyí	7-5
无忧无虑		wúyōu-wúlǜ	6-10
五	（数）	wǔ	1-1
五花八门		wǔhuā-bāmén	6-6
午饭	（名）	wǔfàn	3-1
捂	（动）	wǔ	5-8
勿	（副）	wù	6-4
物价	（名）	wùjià	6-3
物理	（名）	wùlǐ	4-8
误会	（动）	wùhuì	2-10
误解	（动、名）	wùjiě	7-3
悟	（动）	wù	7-5

X

西	（名）	xī	3-1
西餐	（名）	xīcān	3-5
西方	（名）	xīfāng	3-6
西服	（名）	xīfú	3-9
西瓜	（名）	xīgua	2-9
西面	（名）	xīmiàn	4-2
西式	（形）	xīshì	7-10
西药	（名）	xīyào	3-4
西装	（名）	xīzhuāng	7-10
吸	（动）	xī	4-4
吸引	（动）	xīyǐn	7-6
希望	（动）	xīwàng	3-7
稀		xī	4-2
习惯	（动）	xíguàn	2-10
媳妇	（名）	xífu	5-7
洗	（动）	xǐ	2-6
洗衣店	（名）	xǐyīdiàn	3-3
洗澡	（动）	xǐzǎo	3-10
喜	（形）	xǐ	4-4
喜爱	（动）	xǐ'ài	6-10
喜欢	（动）	xǐhuan	2-3
喜糖	（名）	xǐtáng	4-4
戏	（名）	xì	5-7
系	（名）	xì	2-2
系统	（形、名）	xìtǒng	4-1
细	（形）	xì	6-6

虾	（名）	xiā	7-9
瞎	（动、副）	xiā	7-10
下	（动）	xià	1-7
下	（名）	xià	2-8
下班	（动）	xiàbān	2-10
下边	（名）	xiàbian	2-8
下级	（名）	xiàjí	7-5
下课	（动）	xiàkè	1-7
下面	（名）	xiàmiàn	4-2
下午	（名）	xiàwǔ	2-2
下游	（名）	xiàyóu	7-9
下载	（动）	xiàzài	6-2
夏季	（名）	xiàjì	2-3
夏天	（名）	xiàtiān	2-3
先	（副）	xiān	3-6
先进	（形）	xiānjìn	7-1
先生	（名）	xiānsheng	2-3
鲜	（形）	xiān	4-10
鲜花	（名）	xiānhuā	4-10
咸	（形）	xián	6-1
显得	（动）	xiǎnde	6-2
显著	（形）	xiǎnzhù	7-6
县城	（名）	xiànchéng	7-9
县长	（名）	xiànzhǎng	7-9
现代	（形）	xiàndài	4-1
现金	（名）	xiànjīn	2-3
现实	（名）	xiànshí	7-9
现在	（名）	xiànzài	2-2
限制	（动）	xiànzhì	7-6
线	（名）	xiàn	5-6
馅儿	（名）	xiànr	6-1
乡	（名）	xiāng	6-4
乡亲	（名）	xiāngqīn	7-9
相	（副）	xiāng	3-10
相处	（动）	xiāngchǔ	6-9
相当	（副）	xiāngdāng	3-9
相反	（形）	xiāngfǎn	7-4
相亲相爱		xiāngqīn-xiāng'ài	3-10
相同	（形）	xiāngtóng	6-1
相信	（动）	xiāngxìn	4-8
香	（形）	xiāng	4-6
香蕉	（名）	xiāngjiāo	5-3
箱子	（名）	xiāngzi	5-7
详细	（形）	xiángxì	7-3
享福	（动）	xiǎngfú	5-7
享受	（动）	xiǎngshòu	6-7
想	（动）	xiǎng	1-9
想法	（名）	xiǎngfa	6-1
想念	（动）	xiǎngniàn	7-7
向	（介）	xiàng	3-7
向导	（名）	xiàngdǎo	6-8
向往	（动）	xiàngwǎng	7-3
项	（量）	xiàng	7-1
项链	（名）	xiàngliàn	5-9
项目	（名）	xiàngmù	6-6
巷	（名）	xiàng	6-6
相	（名）	xiàng	2-9
相片儿	（名）	xiàngpiānr	5-6
相声	（名）	xiàngsheng	7-4
象棋	（名）	xiàngqí	5-7
象征	（名）	xiàngzhēng	5-4
像	（动）	xiàng	3-6
消化	（动）	xiāohuà	6-7
消失	（动）	xiāoshī	6-2
消息	（名）	xiāoxi	6-1
销毁	（动）	xiāohuǐ	7-5
小	（形）	xiǎo	1-9
小便	（动、名）	xiǎobiàn	3-4

小吃	(名)	xiǎochī	4-5
小伙子	(名)	xiǎohuǒzi	5-1
小姐	(名)	xiǎojiě	2-4
小康	(形)	xiǎokāng	6-5
小品	(名)	xiǎopǐn	7-4
小时	(名)	xiǎoshí	2-4
小说	(名)	xiǎoshuō	3-3
小偷儿	(名)	xiǎotōur	5-8
小心	(动)	xiǎoxīn	4-9
小学	(名)	xiǎoxué	2-1
孝顺	(动)	xiàoshùn	5-7
孝心	(名)	xiàoxīn	5-7
校	(名)	xiào	2-1
校庆	(名)	xiàoqìng	7-7
校园	(名)	xiàoyuán	1-7
校长	(名)	xiàozhǎng	2-1
笑	(动)	xiào	2-9
笑话	(动、名)	xiàohua	5-10
效果	(名)	xiàoguǒ	6-4
些	(量)	xiē	2-8
鞋	(名)	xié	3-3
写	(动)	xiě	1-5
血	(名)	xiě	3-4
泻	(动)	xiè	4-10
谢	(动)	xiè	1-5
心	(名)	xīn	2-7
心爱	(形)	xīn'ài	5-9
心烦	(形)	xīnfán	6-9
心里	(名)	xīnli	6-9
心情	(名)	xīnqíng	6-9
心事	(名)	xīnshì	6-9
心思	(名)	xīnsi	5-8
心疼	(动)	xīnténg	7-6
心想事成		xīnxiǎng-shìchéng	2-7
心血	(名)	xīnxuè	7-4
心意	(名)	xīnyì	7-7
心愿	(名)	xīnyuàn	7-7
心脏	(名)	xīnzàng	7-6
辛苦	(形)	xīnkǔ	6-4
辛劳	(形)	xīnláo	6-10
新	(形)	xīn	2-7
新郎	(名)	xīnláng	6-10
新年	(名)	xīnnián	2-7
新娘	(名)	xīnniáng	6-10
新奇	(形)	xīnqí	5-2
新式	(形)	xīnshì	7-6
新闻	(名)	xīnwén	4-1
新鲜	(形)	xīnxian	6-6
新颖	(形)	xīnyǐng	7-8
信	(名)	xìn	2-1
信	(动)	xìn	4-8
信封	(名)	xìnfēng	5-7
信息	(名)	xìnxī	6-7
信仰	(名)	xìnyǎng	7-1
信用卡	(名)	xìnyòngkǎ	5-9
信誉	(名)	xìnyù	5-3
信纸	(名)	xìnzhǐ	5-10
兴奋	(形)	xīngfèn	5-6
兴旺	(形)	xīngwàng	7-8
星级	(名)	xīngjí	5-7
星期	(名)	xīngqī	2-10
星期日	(名)	xīngqīrì	2-10
星期天	(名)	xīngqītiān	2-10
星星	(名)	xīngxing	5-4
行	(形)	xíng	1-7
行动	(动)	xíngdòng	6-1
行李	(名)	xíngli	4-7
行政区	(名)	xíngzhèngqū	5-5

形	（名）	xíng	6-1
形状	（名）	xíngzhuàng	6-1
醒	（动）	xǐng	5-9
兴趣	（名）	xìngqù	2-5
幸福	（形）	xìngfú	2-7
幸亏	（副）	xìngkuī	6-9
性别	（名）	xìngbié	7-1
……性		…xìng	4-10
姓	（名、动）	xìng	1-3
休息	（动）	xiūxi	1-7
修	（动）	xiū	2-9
修建	（动）	xiūjiàn	5-5
修理	（动）	xiūlǐ	2-9
秀气	（形）	xiùqi	6-3
绣	（动）	xiù	6-4
需要	（动、名）	xūyào	5-10
许	（动）	xǔ	4-5
许多	（数）	xǔduō	4-3
宣布	（动）	xuānbù	7-2
宣传	（动）	xuānchuán	6-10
宣传语	（名）	xuānchuányǔ	6-10
宣誓	（动）	xuānshì	7-10
选	（动）	xuǎn	7-1
选择	（动）	xuǎnzé	6-1
学	（动）	xué	1-7
学期	（名）	xuéqī	7-10
学生	（名）	xuésheng	1-8
学术	（名）	xuéshù	5-6
学位	（名）	xuéwèi	7-7
学问	（名）	xuéwen	4-5
学习	（动）	xuéxí	1-7
学校	（名）	xuéxiào	1-8
学院	（名）	xuéyuàn	1-8
雪	（名）	xuě	3-2
雪碧	（名）	xuěbì	4-6
血压	（名）	xuèyā	3-4
询问	（动）	xúnwèn	7-8
训练	（动）	xùnliàn	3-7
迅速	（形）	xùnsù	7-9
驯	（动）	xùn	5-8
Y			
鸭	（名）	yā	4-3
牙	（名）	yá	2-9
牙齿	（名）	yáchǐ	6-3
轧	（动）	yà	6-4
呀	（助）	ya	2-2
烟	（名）	yān	4-4
严	（形）	yán	4-8
严格	（形）	yángé	3-7
沿	（介）	yán	4-3
研究	（动）	yánjiū	2-1
研究生	（名）	yánjiūshēng	2-1
颜色	（名）	yánsè	3-9
眼	（名）	yǎn	4-1
眼睛	（名）	yǎnjing	4-1
眼镜	（名）	yǎnjìng	5-2
眼前	（名）	yǎnqián	4-1
演	（动）	yǎn	5-7
演出	（动）	yǎnchū	5-7
演员	（名）	yǎnyuán	6-5
宴会	（名）	yànhuì	6-8
羊	（名）	yáng	5-3
阳台	（名）	yángtái	6-3
养	（动）	yǎng	5-7
养成		yǎngchéng	5-10
样	（量）	yàng	5-9
样儿	（名）	yàngr	2-3
样子	（名）	yàngzi	3-9

要求	(名)	yāoqiú	3-7
腰	(名)	yāo	7-6
邀请	(动)	yāoqǐng	4-2
遥远	(形)	yáoyuǎn	3-10
咬	(动)	yǎo	7-10
药	(名)	yào	2-9
药方	(名)	yàofāng	3-4
药膏	(名)	yàogāo	6-4
药片儿	(名)	yàopiànr	3-4
要	(能动)	yào	1-7
要	(连)	yào	2-5
要紧	(形)	yàojǐn	3-4
要命	(动)	yàomìng	4-9
要是	(连)	yàoshi	2-5
要死	(动)	yàosǐ	4-9
钥匙	(名)	yàoshi	4-9
爷爷	(名)	yéye	1-9
也	(副)	yě	1-4
也许	(副)	yěxǔ	7-8
野	(形)	yě	5-8
业务	(名)	yèwù	7-2
页	(量)	yè	3-5
夜	(名)	yè	3-4
夜间	(名)	yèjiān	3-2
夜里	(名)	yèli	3-4
夜晚	(名)	yèwǎn	5-4
一	(数)	yī	1-1
一……就……		yī…jiù…	3-4
一……也/都……		yī…yě/dōu…	5-6
衣服	(名)	yīfu	2-3
衣柜	(名)	yīguì	3-7
医生	(名)	yīshēng	6-4
医学	(名)	yīxué	6-7
医院	(名)	yīyuàn	2-1
一半儿	(数)	yíbànr	3-4
一定	(副)	yídìng	1-10
一共	(副)	yígòng	1-4
一会儿	(数量)	yíhuìr	3-8
一块儿	(副)	yíkuàir	4-5
一律	(副)	yílǜ	5-3
一面……一面……		yímiàn…yímiàn…	7-6
一切	(代)	yíqiè	2-7
一下儿	(数量)	yíxiàr	1-8
一下子	(副)	yíxiàzi	6-5
一样	(形)	yíyàng	1-10
一致	(副)	yízhì	6-5
仪式	(名)	yíshì	7-10
宜		yí	7-6
姨	(名)	yí	4-7
姨父	(名)	yífu	4-7
遗产	(名)	yíchǎn	5-5
遗憾	(形)	yíhàn	2-7
已	(副)	yǐ	2-6
已经	(副)	yǐjīng	2-6
以	(介)	yǐ	6-6
以后	(名)	yǐhòu	1-8
以前	(名)	yǐqián	3-1
以上	(名)	yǐshàng	2-3
以为	(动)	yǐwéi	4-4
以下	(名)	yǐxià	2-3
椅子	(名)	yǐzi	3-7
一般	(形)	yìbān	4-8
一边……一边……		yìbiān…yìbiān…	1-10
一点儿	(数量)	yìdiǎnr	2-3
一方面……一方面……		yì fāngmiàn…yì fāngmiàn…	7-8
一回生，两回熟		yì huí shēng, liǎng huí shú	4-2

一连	（副）	yìlián	6-9		迎接	（动）	yíngjiē	7-10
一起	（副）	yìqǐ	1-9		迎亲	（动）	yíngqīn	7-10
一生	（名）	yìshēng	3-5		营业	（动）	yíngyè	2-2
一时	（副）	yìshí	5-4		营业员	（名）	yíngyèyuán	2-2
一手儿	（名）	yìshǒur	4-8		赢	（动）	yíng	4-1
一些	（数量）	yìxiē	2-8		赢得	（动）	yíngdé	4-1
一衣带水		yìyīdàishuǐ	6-9		影响	（动、名）	yǐngxiǎng	4-4
一针见血		yìzhēn-jiànxiě	7-5		影子	（名）	yǐngzi	7-6
一直	（副）	yìzhí	4-2		应该	（能动）	yīnggāi	3-5
亿	（数）	yì	3-2		硬	（形）	yìng	6-7
义务	（形）	yìwù	5-1		硬币	（名）	yìngbì	6-7
艺术	（名）	yìshù	6-5		哟	（叹）	yō	2-9
议论	（动）	yìlùn	7-6		拥挤	（形）	yōngjǐ	5-6
意见	（名）	yìjiàn	3-7		永远	（副）	yǒngyuǎn	2-7
意思	（名）	yìsi	1-10		勇敢	（形）	yǒnggǎn	7-7
因此	（连）	yīncǐ	4-9		用	（动）	yòng	1-10
因为	（连）	yīnwei	3-4		用功	（形）	yònggōng	3-4
阴	（形）	yīn	3-2		用意	（名）	yòngyì	7-5
音节	（名）	yīnjié	6-5		优惠	（形）	yōuhuì	2-3
音频	（名）	yīnpín	3-10		优良	（形）	yōuliáng	5-1
音译	（动）	yīnyì	6-7		优美	（形）	yōuměi	4-10
音乐	（名）	yīnyuè	2-6		优盘	（名）	yōupán	3-4
姻缘	（名）	yīnyuán	7-10		优秀	（形）	yōuxiù	5-1
银	（名）	yín	3-10		悠久	（形）	yōujiǔ	4-1
银白	（形）	yínbái	5-4		由	（介）	yóu	4-1
银行	（名）	yínháng	3-8		由于	（介、连）	yóuyú	6-6
银婚	（名）	yínhūn	3-10		邮费	（名）	yóufèi	3-5
银子	（名）	yínzi	3-10		邮件	（名）	yóujiàn	2-1
引进	（动）	yǐnjìn	7-2		邮局	（名）	yóujú	3-5
引起	（动）	yǐnqǐ	6-6		邮票	（名）	yóupiào	3-5
饮茶	（动）	yǐnchá	6-7		犹豫	（形）	yóuyù	7-8
饮料	（名）	yǐnliào	2-9		油	（名）	yóu	5-10
印象	（名）	yìnxiàng	6-2		油腻	（形）	yóunì	4-5
迎	（动）	yíng	7-8		油条	（名）	yóutiáo	6-1

游	（动）	yóu	4-3
游览	（动）	yóulǎn	4-3
游泳	（动）	yóuyǒng	3-2
友好	（形）	yǒuhǎo	6-9
友谊	（名）	yǒuyì	3-1
有	（动）	yǒu	1-5
有的	（代）	yǒude	4-8
有点儿	（副）	yǒudiǎnr	2-10
有关	（介、动）	yǒuguān	6-6
有害	（形）	yǒuhài	4-4
有名	（形）	yǒumíng	4-3
有时	（副）	yǒushí	3-7
有时候	（副）	yǒushíhou	3-7
有效	（形）	yǒuxiào	7-1
有些	（代）	yǒuxiē	5-2
有意思		yǒu yìsi	2-5
有用	（形）	yǒuyòng	3-3
又	（副）	yòu	2-4
又……又……		yòu…yòu…	3-3
右	（名）	yòu	2-8
右边	（名）	yòubian	2-8
右面	（名）	yòumiàn	4-2
幼儿	（名）	yòu'ér	2-10
幼儿园	（名）	yòu'éryuán	2-10
于	（介）	yú	6-7
于是	（连）	yúshì	3-9
鱼香肉丝		yúxiāng ròusī	4-6
娱乐	（动、名）	yúlè	7-4
愉快	（形）	yúkuài	5-6
与其	（连）	yǔqí	7-3
宇航员	（名）	yǔhángyuán	5-5
羽毛球	（名）	yǔmáoqiú	4-5
雨	（名）	yǔ	3-2
语伴儿	（名）	yǔbànr	3-8
语调	（名）	yǔdiào	5-10
语法	（名）	yǔfǎ	2-4
语文	（名）	yǔwén	6-5
语音	（名）	yǔyīn	1-10
预报	（名）	yùbào	3-2
预订	（动）	yùdìng	2-3
预习	（动）	yùxí	1-7
遇	（动）	yù	1-7
遇到		yùdào	2-10
遇见	（动）	yùjiàn	1-7
元	（量）	yuán	2-3
元宵	（名）	yuánxiāo	5-4
……员		…yuán	3-9
原封不动		yuánfēng bú dòng	7-10
原来	（副）	yuánlái	4-1
原谅	（动）	yuánliàng	6-9
原因	（名）	yuányīn	2-5
圆	（形）	yuán	5-4
圆珠笔	（名）	yuánzhūbǐ	2-2
远	（形）	yuǎn	1-9
远在天边，近在眼前		yuǎn zài tiānbiān, jìn zài yǎnqián	4-1
院	（名）	yuàn	4-1
院长	（名）	yuànzhǎng	2-1
院子	（名）	yuànzi	4-7
愿	（能动）	yuàn	3-10
愿望	（名）	yuànwàng	4-3
愿意	（能动）	yuànyì	3-3
约	（动）	yuē	5-9
约	（副）	yuē	6-8
约会	（名）	yuēhuì	5-9
月	（名）	yuè	3-2
月饼	（名）	yuèbing	5-3
月光	（名）	yuèguāng	5-4

月亮	(名)	yuèliang	5-4
阅读	(动)	yuèdú	3-8
阅览室	(名)	yuèlǎnshì	3-3
越……越……		yuè…yuè…	5-8
越来越……		yuè lái yuè…	6-6
云	(名)	yún	3-2
云彩	(名)	yúncai	5-4
允许	(动)	yǔnxǔ	4-5
运	(动)	yùn	3-5
运动	(名)	yùndòng	4-5
运动员	(名)	yùndòngyuán	4-9

Z

杂技	(名)	zájì	5-3
杂志	(名)	zázhì	3-5
再	(副)	zài	1-7
再见	(动)	zàijiàn	1-7
再说	(连)	zàishuō	5-3
在	(动)	zài	1-5
在	(副)	zài	4-1
在乎	(动)	zàihu	7-2
咱们	(代)	zánmen	3-1
攒	(动)	zǎn	5-7
赞扬	(动)	zànyáng	4-1
脏	(形)	zāng	6-6
糟糕	(形)	zāogāo	2-6
早	(形)	zǎo	2-9
早茶	(名)	zǎochá	6-1
早晨	(名)	zǎochen	5-9
早出晚归		zǎochū-wǎnguī	6-10
早饭	(名)	zǎofàn	3-1
早日	(副)	zǎorì	2-9
早上	(名)	zǎoshang	3-1
早生贵子		zǎo shēng guì zǐ	7-10
造句	(动)	zàojù	1-10
则	(量)	zé	7-6
责怪	(动)	zéguài	5-10
怎么	(代)	zěnme	1-10
怎么回事		zěnme huí shì	3-8
怎么样	(代)	zěnmeyàng	1-7
增加	(动)	zēngjiā	4-4
增长	(动)	zēngzhǎng	4-5
炸	(动)	zhá	6-1
炸糕	(名)	zhágāo	6-1
窄	(形)	zhǎi	6-6
展览	(动)	zhǎnlǎn	5-7
战场	(名)	zhànchǎng	5-8
战争	(名)	zhànzhēng	5-8
站	(动)	zhàn	4-7
站	(名)	zhàn	4-9
张	(量)	zhāng	2-2
长	(动)	zhǎng	4-1
涨	(动)	zhǎng	6-3
掌	(名)	zhǎng	7-4
掌声	(名)	zhǎngshēng	7-4
掌握	(动)	zhǎngwò	5-10
丈夫	(名)	zhàngfu	3-6
账	(名)	zhàng	4-6
招待	(动)	zhāodài	6-1
招待会	(名)	zhāodàihuì	6-1
招呼	(动)	zhāohu	5-3
招聘	(动)	zhāopìn	7-3
招生	(动)	zhāoshēng	4-1
招收	(动)	zhāoshōu	7-3
招手	(动)	zhāoshǒu	6-2
着	(动)	zháo	3-4
着急	(形)	zháojí	1-6
找	(动)	zhǎo	1-6

召开	(动)	zhàokāi	6-4
照	(动)	zhào	2-9
照顾	(动)	zhàogù	3-9
照例	(副)	zhàolì	7-6
照片	(名)	zhàopiàn	3-6
照相	(动)	zhàoxiàng	2-9
照相机	(名)	zhàoxiàngjī	5-8
哲学	(名)	zhéxué	5-7
……者		…zhě	7-3
这	(代)	zhè	1-4
这边	(名)	zhèbian	1-5
这里	(代)	zhèlǐ	3-10
这儿	(代)	zhèr	1-6
这些	(代)	zhèxiē	3-3
着	(助)	zhe	3-5
着呢	(助)	zhene	6-3
珍贵	(形)	zhēnguì	5-9
珍惜	(动)	zhēnxī	4-2
真	(副)	zhēn	2-4
真	(形)	zhēn	2-10
真诚	(形)	zhēnchéng	6-10
真情	(名)	zhēnqíng	6-10
真实	(形)	zhēnshí	5-10
真正	(形)	zhēnzhèng	5-5
阵	(量)	zhèn	3-10
镇	(名)	zhèn	6-3
争取	(动)	zhēngqǔ	4-2
征求	(动)	zhēngqiú	6-5
整个	(形)	zhěnggè	5-6
整齐	(形)	zhěngqí	2-6
整整	(副)	zhěngzhěng	7-5
正	(副)	zhèng	1-10
正	(形)	zhèng	6-6
正常	(形)	zhèngcháng	2-9
正好	(副、形)	zhènghǎo	4-5
正巧	(副)	zhèngqiǎo	6-4
正确	(形)	zhèngquè	5-10
正式	(形)	zhèngshì	7-10
正在	(副)	zhèngzài	2-6
证据	(名)	zhèngjù	7-5
证书	(名)	zhèngshū	4-2
政策	(名)	zhèngcè	7-6
政府	(名)	zhèngfǔ	4-5
挣	(动)	zhèng	5-2
症状	(名)	zhèngzhuàng	7-5
之	(助)	zhī	7-4
……之一		…zhī yī	4-5
支	(量)	zhī	2-2
支撑	(动)	zhīchēng	6-10
支持	(动)	zhīchí	7-2
支票	(名)	zhīpiào	7-2
只	(量)	zhī	2-1
枝	(量)	zhī	2-7
知	(动)	zhī	2-2
知道	(动)	zhīdao	2-2
知识	(名)	zhīshi	5-8
肢	(名)	zhī	7-5
直	(副)	zhí	6-2
值得	(动)	zhíde	3-6
职业	(名)	zhíyè	2-5
职员	(名)	zhíyuán	2-1
止	(动)	zhǐ	4-10
止痛膏	(名)	zhǐtònggāo	6-4
只	(副)	zhǐ	1-9
只好	(副)	zhǐhǎo	5-3
只是	(副)	zhǐshì	2-5
只是	(连)	zhǐshì	3-7
只要……就……		zhǐyào…jiù…	3-5

只有	（连）	zhǐyǒu	3-10		重视	（动）	zhòngshì	6-5
纸	（名）	zhǐ	3-8		重要	（形）	zhòngyào	4-8
指	（动）	zhǐ	6-3		周	（名）	zhōu	2-3
至	（动）	zhì	6-5		周	（量）	zhōu	5-5
至今	（副）	zhìjīn	6-5		周到	（形）	zhōudào	3-6
至少	（副）	zhìshǎo	7-5		周年	（名）	zhōunián	7-7
至于	（介）	zhìyú	7-1		周岁	（名）	zhōusuì	6-5
制定	（动）	zhìdìng	7-1		周围	（名）	zhōuwéi	4-4
质量	（名）	zhìliàng	3-9		粥	（名）	zhōu	7-6
治	（动）	zhì	4-6		猪	（名）	zhū	4-5
治理	（动）	zhìlǐ	7-9		猪手	（名）	zhūshǒu	4-5
治疗	（动）	zhìliáo	4-10		主意	（名）	zhúyi	2-4
致敬	（动）	zhìjìng	7-10		主持	（动）	zhǔchí	6-6
中	（形）	zhōng	3-2		主持人	（名）	zhǔchírén	6-6
中	（名）	zhōng	4-2		主动	（形）	zhǔdòng	7-8
中餐	（名）	zhōngcān	3-5		主妇	（名）	zhǔfù	2-1
中级	（形）	zhōngjí	7-1		主讲	（动）	zhǔjiǎng	4-1
中间	（名）	zhōngjiān	2-9		主人	（名）	zhǔrén	5-7
中式	（形）	zhōngshì	7-10		主任	（名）	zhǔrèn	2-1
中午	（名）	zhōngwǔ	3-1		主食	（名）	zhǔshí	4-6
中学	（名）	zhōngxué	2-1		主席	（名）	zhǔxí	3-9
中药	（名）	zhōngyào	3-4		主席台	（名）	zhǔxítái	3-9
终于	（副）	zhōngyú	5-5		主要	（形）	zhǔyào	5-4
钟	（名）	zhōng	3-1		煮	（动）	zhǔ	5-7
钟头	（名）	zhōngtóu	5-2		嘱咐	（动）	zhǔfu	6-4
衷心	（形）	zhōngxīn	6-4		住	（动）	zhù	1-8
种	（量）	zhǒng	2-2		住院	（动）	zhùyuàn	4-9
种类	（名）	zhǒnglèi	6-1		住址	（名）	zhùzhǐ	2-10
中	（动）	zhòng	7-4		注册	（动）	zhùcè	6-2
中毒	（动）	zhòngdú	7-4		注意	（动）	zhùyì	1-7
种	（动）	zhòng	4-9		驻	（动）	zhù	7-1
种植	（动）	zhòngzhí	6-7		祝	（动）	zhù	2-7
重	（形）	zhòng	3-5		祝福	（动）	zhùfú	6-10
重量	（名）	zhòngliàng	3-5		祝贺	（动）	zhùhè	4-7

著名	(形)	zhùmíng	6-3
抓紧	(动)	zhuājǐn	4-2
专家	(名)	zhuānjiā	6-7
专门	(副、形)	zhuānmén	3-5
专心	(形)	zhuānxīn	3-6
专业	(名)	zhuānyè	7-1
砖	(名)	zhuān	5-5
转	(动)	zhuǎn	3-2
转	(动)	zhuàn	4-4
赚	(动)	zhuàn	6-10
桩	(量)	zhuāng	7-7
装	(动)	zhuāng	5-3
装模作样		zhuāngmú-zuòyàng	7-5
装作	(动)	zhuāngzuò	7-2
壮	(形)	zhuàng	5-8
状况	(名)	zhuàngkuàng	5-6
撞	(动)	zhuàng	6-10
准	(形)	zhǔn	2-10
准备	(动)	zhǔnbèi	2-5
准确	(形)	zhǔnquè	5-9
准时	(形)	zhǔnshí	2-10
桌	(量)	zhuō	5-7
桌子	(名)	zhuōzi	1-6
资本	(名)	zīběn	7-1
资金	(名)	zījīn	7-3
滋味	(名)	zīwèi	5-6
子		zǐ	4-8
子孙	(名)	zǐsūn	7-7
仔细	(形)	zǐxì	6-8
紫	(形)	zǐ	1-9
自	(介)	zì	6-5
自从	(介)	zìcóng	6-5
自动	(形)	zìdòng	7-2
自己	(代)	zìjǐ	2-9
自来水	(名)	zìláishuǐ	6-7
自然	(名、形)	zìrán	6-8
自我	(代)	zìwǒ	6-4
自行车	(名)	zìxíngchē	2-8
自由	(形)	zìyóu	3-2
自由泳	(名)	zìyóuyǒng	3-2
字	(名)	zì	3-2
宗教	(名)	zōngjiào	7-1
综合	(动)	zōnghé	4-3
综合课	(名)	zōnghékè	4-3
总	(副)	zǒng	5-1
总结	(动、名)	zǒngjié	7-10
总理	(名)	zǒnglǐ	7-10
总是	(副)	zǒngshì	5-1
总之	(连)	zǒngzhī	6-7
粽子	(名)	zòngzi	6-1
走	(动)	zǒu	1-9
走廊	(名)	zǒuláng	6-9
租	(动)	zū	6-3
足迹	(名)	zújì	4-3
足球	(名)	zúqiú	3-1
组织	(动)	zǔzhī	5-2
祖国	(名)	zǔguó	7-2
嘴唇	(名)	zuǐchún	6-3
最	(副)	zuì	1-5
最好	(副)	zuìhǎo	2-3
最后	(名)	zuìhòu	7-3
最近	(名)	zuìjìn	1-5
尊敬	(动、形)	zūnjìng	6-5
遵守	(动)	zūnshǒu	4-9
昨天	(名)	zuótiān	1-9
左	(名)	zuǒ	2-8
左边	(名)	zuǒbian	2-8
左面	(名)	zuǒmiàn	4-2

左撇子	（名）	zuǒpiězi	7-4
作业	（名）	zuòyè	1-5
作用	（名）	zuòyòng	6-6
坐	（动）	zuò	2-7
座	（量）	zuò	2-8
座谈	（动）	zuòtán	7-10
座位	（名）	zuòwèi	5-6

做	（动）	zuò	1-5
做法	（名）	zuòfǎ	6-10
做工	（名）	zuògōng	7-8
做客	（动）	zuòkè	4-2
做梦	（动）	zuòmèng	4-7
做主	（动）	zuòzhǔ	4-8

专名　Proper nouns

A		
阿虎	Ā Hǔ	5-9
阿拉伯文	Ālābówén	2-4
阿拉伯语	Ālābóyǔ	2-4
阿龙	Ā Lóng	5-9
埃及	Āijí	4-3
艾米	Àimǐ	1-2
安徽	Ānhuī	6-7
安娜	Ānnà	6-9
澳大利亚	Àodàlìyà	4-3

B		
八达岭	Bādá Lǐng	5-5
白华	Bái Huá	1-1
北海	Běihǎi	3-7
北京	Běijīng	2-4
北京大学	Běijīng Dàxué	5-3
北京饭店	Běijīng Fàndiàn	6-2
北京外国语大学	Běijīng Wàiguóyǔ Dàxué	6-3
北京晚报	Běijīng Wǎnbào	4-2
贝拉	Bèilā	2-1
彼得	Bǐdé	2-5

C		
长城	Chángchéng	4-3
嫦娥	Cháng'é	5-4
嫦娥奔月	Cháng'é bēn yuè	5-4
陈红	Chén Hóng	5-7
陈文山	Chén Wénshān	4-1
川	Chuān	4-5
春节	Chūnjié	5-4
春秋	Chūnqiū	5-5

D		
大连	Dàlián	3-1
大内上子	Dànèi Shàngzǐ	1-2
大同	Dàtóng	6-8
大雁塔	Dàyàn Tǎ	6-3
大洋洲	Dàyángzhōu	4-3
德文	Déwén	2-4
德语	Déyǔ	2-4
滴滴	Dīdī	6-2
丁	Dīng	2-4
丁兰	Dīng Lán	1-9
端午节	Duānwǔjié	5-4

	E	
俄文	Éwén	2-4
俄语	Éyǔ	2-4
	F	
法文	Fǎwén	2-4
法语	Fǎyǔ	2-4
方龙	Fāng Lóng	1-1
方云天	Fāng Yúntiān	1-8
非洲	Fēizhōu	4-3
费城	Fèichéng	6-3
冯明	Féng Míng	7-6
福建	Fújiàn	6-7
付	Fù	7-5
复康药店	Fùkāng Yàodiàn	7-6
复兴门	Fùxīng Mén	4-9
	G	
高	Gāo	3-4
高敏	Gāo Mǐn	4-9
高山	Gāo Shān	5-1
高英	Gāo Yīng	4-1
故宫	Gùgōng	4-3
广东	Guǎngdōng	4-5
广州	Guǎngzhōu	3-1
桂林	Guìlín	4-3
国庆节	Guóqìngjié	6-8
	H	
哈尔滨	Hā'ěrbīn	5-3
海伦	Hǎilún	2-1
韩国	Hánguó	2-5
汉日词典	Hàn-Rì Cídiǎn	2-2
汉英词典	Hàn-Yīng Cídiǎn	2-2
汉语	Hànyǔ	1-8
汉语水平考试	Hànyǔ Shuǐpíng Kǎoshì	4-2
汉字	Hànzì	1-5
杭州	Hángzhōu	3-1
和平路	Hépíng Lù	6-2
和平门	Hépíng Mén	4-9
红娘	Hóngniáng	5-1
虎跑泉	Hǔpǎo Quán	6-7
虎山	Hǔ Shān	5-5
华	Huá	7-1
怀特	Huáitè	3-6
黄（帝）	Huáng(dì)	7-7
黄河	Huáng Hé	5-3
黄山	Huáng Shān	6-7
火把节	Huǒbǎjié	5-4
	J	
吉姆	Jímǔ	6-4
加利福尼亚	Jiālìfúníyà	6-3
加拿大	Jiānádà	4-3
嘉峪关	Jiāyù Guān	5-5
金汉成	Jīn Hànchéng	1-2
旧金山	Jiùjīnshān	6-3
	K	
可口可乐	Kěkǒu-kělè	1-3
孔鲤	Kǒng Lǐ	6-5
孔子	Kǒngzǐ	6-5
昆明湖	Kūnmíng Hú	4-3
	L	
老舍	Lǎo Shě	6-7
李	Lǐ	2-4
李逵探母	Lǐ Kuí Tàn Mǔ	5-7
李时珍	Lí Shízhēn	7-5
立春	Lìchūn	4-7

立秋	Lìqiū	4-7
林明	Lín Míng	5-8
刘	Liú	3-4
刘江	Liú Jiāng	4-9
卢京生	Lú Jīngshēng	6-10
鲁	Lǔ	4-5
M		
马	Mǎ	2-4
马可·波罗	Mǎkě Bōluó	4-3
玛丽	Mǎlì	3-6
美国	Měiguó	1-3
美洲	Měizhōu	4-3
明（朝）	Míng (cháo)	6-6
明代	Míngdài	5-5
N		
南京	Nánjīng	3-1
内蒙古	Nèiménggǔ	6-7
牛思华	Niú Sīhuá	7-7
纽约	Niǔyuē	6-3
O		
欧洲	Ōuzhōu	4-5
Q		
钱	Qián	3-9
钱塘江	Qiántáng Jiāng	6-3
秦朝	Qíncháo	5-5
秦始皇	Qín Shǐhuáng	5-5
青岛	Qīngdǎo	3-1
清（朝）	Qīng(cháo)	6-6
清明节	Qīngmíngjié	5-4
全聚德	Quánjùdé	7-7
R		
人民日报	Rénmín Rìbào	4-2

日本	Rìběn	1-8
日汉词典	Rì-Hàn Cídiǎn	2-2
日文	Rìwén	1-8
日语	Rìyǔ	1-8
S		
山本正	Shānběn Zhèng	1-2
山东	Shāndōng	4-5
山西	Shānxī	6-8
上帝	Shàngdì	6-9
上海	Shànghǎi	2-10
圣诞节	Shèngdànjié	5-4
世界公园	Shìjiè Gōngyuán	4-3
水上公园	Shuǐshàng Gōngyuán	4-3
四川	Sìchuān	4-5
四郎探母	Sìláng Tàn Mǔ	5-7
宋大江	Sòng Dàjiāng	5-7
宋英	Sòng Yīng	6-8
苏州	Sūzhōu	3-9
孙	Sūn	3-9
T		
泰国	Tàiguó	6-7
天安门	Tiān'ān Mén	5-5
天津	Tiānjīn	3-1
田	Tián	7-8
吐鲁番	Tǔlǔfān	6-8
W		
万	Wàn	7-5
王才	Wáng Cái	1-7
王欢	Wáng Huān	1-4
王小康	Wáng Xiǎokāng	6-5
王学艺	Wáng Xuéyì	6-5
王志强	Wáng Zhìqiáng	6-5
吴	Wú	3-9

五粮液	Wǔliángyè	7-5
武汉	Wǔhàn	5-3
武周山	Wǔzhōu Shān	6-8

X		
西安	Xī'ān	3-1
西班牙文	Xībānyáwén	2-4
西班牙语	Xībānyáyǔ	2-4
西湖	Xī Hú	4-3
西藏	Xīzàng	6-7
西直门	Xīzhí Mén	4-9
希尔顿饭店	Xī'ěrdùn Fàndiàn	6-10
香山	Xiāng Shān	3-6
新疆	Xīnjiāng	4-3
徐春兰	Xú Chūnlán	6-2

Y		
亚洲	Yàzhōu	4-3
炎（帝）	Yán(dì)	7-7
杨静	Yáng Jìng	4-7
依丽拉	Yīlìlā	6-8
颐和园	Yíhé Yuán	3-7
意大利	Yìdàlì	2-5
意大利文	Yìdàlìwén	2-4
意大利语	Yìdàlìyǔ	2-4
英国	Yīngguó	6-4
英汉词典	Yīng-Hàn Cídiǎn	2-2

英文	Yīngwén	2-4
英语	Yīngyǔ	2-4
于	Yú	2-4
元朝	Yuáncháo	6-6
元宵节	Yuánxiāojié	5-4
云冈石窟	Yúngāng Shíkū	6-8
云南	Yúnnán	6-7
张	Zhāng	2-4

Z		
赵	Zhào	2-4
赵海	Zhào Hǎi	7-10
赵林	Zhào Lín	2-10
郑	Zhèng	3-9
支付宝	Zhīfùbǎo	2-3
中国	Zhōngguó	1-4
《中国民俗研究》	《Zhōngguó Mínsú Yánjiū》	5-2
《中国文化研究》	《Zhōngguó Wénhuà Yánjiū》	3-6
中华人民共和国	Zhōnghuá Rénmín Gònghéguó	6-8
中秋节	Zhōngqiūjié	5-3
中文	Zhōngwén	1-6
周	Zhōu	3-9
周礼	Zhōulǐ	7-10
周小芳	Zhōu Xiǎofāng	5-1
朱佳	Zhū Jiā	6-2

Key to exercises and homework
课堂练习和家庭作业参考答案

第一课

三、课堂练习

（二）词语

从本课生词表中选择合适的词语填空

(1) 徐老师热情<u>好客</u>，同学们常去他家做客。

(2) 赵林是全国劳动<u>模范</u>。

(3) 窗外<u>飘</u>来一股香味儿。

(4) 旅行用的东西准备<u>齐</u>了吗？

(5) 小宋向大家<u>挥</u>手告别。

(6) 你这次去欧洲有什么<u>见闻</u>？

(7) 结婚是男女双方<u>自愿</u>的事儿，别人不能干涉。

(8) 多数人同意明天出发，<u>少数</u>人同意后天动身。

(9) 为了完成这个任务，必须<u>团结</u>一切可以<u>团结</u>的人。

(10) 吃完饭，同学们说："谢谢您的盛情<u>款待</u>。"

(11) 这里是<u>高原</u>气候，白天热，夜里冷。

(12) 桂林的山水美<u>如画</u>，实在太迷人了。

(13) 有20多个少数民族<u>居</u>住在这个省。

(14) 别把水<u>泼</u>在门口。

(15) 这个公园是由四个部分<u>构成</u>的。

(16) 市政府举行了一个<u>盛大</u>的宴会，庆祝五一国际劳动节。

(17) 这所学校为国家培养了<u>大量</u>优秀人才。

(18) 这个戒指上的<u>蓝宝石</u>非常珍贵。

(19) 文学的内容和<u>形式</u>应该统一。

(20) 这个孩子是从农村来的，非常朴实。

(21) 西双版纳的原始森林是天然的植物园。

(22) 为了支援少数民族地区的建设，这些年轻人从大城市来到边疆。

(23) 大内每个星期写一篇作文，方云天帮她修改。

(24) 这个地区对外开放，正在招商引资，几年以后将有大的变化。

(25) 让我们为新郎新娘的幸福干杯！

(26) 山西省的省会是哪个城市？

(27) 这屋子很长时间没打扫了，桌子上有很多土。

四、家庭作业

(二) 阅读

2. 根据短文填空

(1) 云南的省会是昆明。

(2) 从北京坐高铁，十一二个小时就可以到达昆明。

(3) 云南的天是蓝色的，树是绿色的，土是红色的，姑娘们穿的民族服装是花花绿绿的，这些构成了一幅五彩缤纷的迷人图画。

(4) 据说，西双版纳有近20000种植物，还有2000多种动物，是天然的植物园和动物园。

(5) 云南有25个少数民族，是全国世居少数民族最多的省份。

(6) 在云南，几乎每个月都有节日。

3. 判别正误

(1) ✓　(2) ✓　(3) ×　(4) ✓

(5) ✓　(6) ✓　(7) ✓

第二课

三、课堂练习
    （二）词语

        从本课生词表中选择合适的词语填空

（1）小王住在我的<u>隔壁</u>。

（2）我给你画一张路线图，<u>以免/免得</u>你走错路。

（3）老华侨见到了分别40年的亲人，又惊又喜，激动地流下了<u>眼泪</u>。

（4）李山的<u>嫂子</u>在政府机关工作。

（5）小孙的女朋友很<u>贤惠</u>，每天下班后都和小孙一起照顾他生病的妈妈。

（6）他打麻将打了一夜，到现在还满<u>脑子</u>麻将牌。

（7）在公共汽车上，我们应该给<u>残疾人</u>让座儿。

（8）那个年轻人是初犯，<u>法院</u>只判了他三年。

（9）你别<u>恨</u>他，这不是他的错，其实他的<u>心眼儿</u>很好。

（10）当公务员<u>虽说</u>工资不高，但是受人尊敬。

（11）你太累了，把包交给我，我<u>替</u>你拿着。

（12）这个公司的产品质量很好，所以<u>销售</u>得很快。

（13）你给谁打电话？<u>对方</u>怎么不理你？

（14）老李的气管炎又<u>犯</u>了，他咳嗽得很厉害。

（15）她是残疾人，每天<u>拄</u>着双拐来上班。

（16）那个孩子能说会<u>道</u>，非常聪明。

（17）他不接受<u>教训</u>，所以又犯了错误。

（18）<u>白领</u>阶层的工资很高。

（19）爸爸听说儿子酒后开车，把他狠狠地<u>教训</u>了一顿。

（20）小何的妈妈是<u>居</u>委会主任，她是个热心人。

（21）她<u>忍</u>住悲痛，没有哭出来。

（22）放弃了这次出国比赛的机会，你不觉得<u>可惜</u>吗？

(23) 参加工作的第一年，他用自己省吃俭用存下来的钱买了一台最新的笔记本电脑。

(三) 句型

选择合适的词语，完成句子

1. (1) D　(2) C　(3) F　(4) A
　(5) H　(6) G　(7) B　(8) E
2. (1) A　(2) G　(3) D　(4) B
　(5) F　(6) C　(7) H　(8) E

四、家庭作业

(二) 阅读

2. 连线

3. 判别正误

(1) ×　(2) ×　(3) ×　(4) ×
(5) ×　(6) ✓　(7) ✓　(8) ✓

第三课

三、课堂练习

  （二）词语

      从本课生词表中选择合适的词语填空

（1）金汉成毕业以后想当<u>商人</u>，跟中国人做买卖。

（2）改革开放以后，这个县全部农民已经<u>脱贫致富</u>。

（3）比赛场上，运动员们<u>激烈</u>地竞争着。

（4）李教授退休以后<u>创办</u>了一所私人学校。

（5）<u>检验</u>员正在认真地<u>检验</u>产品的质量。

（6）这家企业的工人收入不少，除了工资以外，还有很多<u>奖金</u>。

（7）老宋的先进<u>事迹</u>非常感人。

（8）星期日，老师要<u>带领</u>同学们去郊区游玩。

（9）在学校的汉语节目表演中，我们班的节目得了一等奖，学校<u>奖励</u>我们班每人一本词典。

（10）我们公司<u>当前</u>的主要困难是产品销售不出去。

（11）<u>凡是</u>没检查身体的同学，今天下午两点都去校医院检查。

（12）这些丝绸质量很好，在市场上很畅销，甚至<u>供不应求</u>。

（13）做这种小买卖<u>利润</u>太低，赚不了多少钱。

（14）那位小姐很<u>注重</u>打扮，每天换一套衣服。

（15）在激烈的竞争中要<u>立于不败之地</u>是很不容易的。

（16）你们跟那位<u>商人</u>签订合同了吗？

（17）杨总经理很会用人，他<u>手下</u>有很多年轻<u>有为</u>、聪明能干的经理、副经理。

（18）他赚了一笔钱，心里很<u>得意</u>。

（19）这篇文章的<u>重点</u>在最后一段。

（20）有很多<u>外地</u>人来这个城市打工。

（21）听了我的建议，老师<u>连连</u>摇头，说："不行！不行！"

(22) 企业的效益跟每个员工的利益都有关系。

(23) 这种产品的成本太高，要是不降低，在竞争中没有优势。

(24) 车来了，人们都争着上车，互不相让。

(25) 阅览室里要保持安静，不能大声说话。

(26) 广告可以提高企业的知名度。

(27) 这台电脑质量太差，总是出毛病。

(28) 每年的六月一日是国际儿童节。

(29) 看到这张全家福，我不禁想起已经去世的爸爸。

（三）句型

2. 用"可见""既然"填空

(1) 这个村家家都买了小汽车，可见他们的收入都不错。

(2) 你既然不舒服，就别去上班了。

(3) 既然跟他们签订了合同，就把货卖给他们吧。

(4) 这个老华侨做梦都喊"中国"，可见他非常思念祖国。

(5) 这些老人每天都高高兴兴的，可见他们生活得非常幸福。

(6) 既然你喜欢，那就买吧。

四、家庭作业

（二）阅读

2. 判别正误

(1) ×　　(2) ×　　(3) ✓　　(4) ✓　　(5) ✓　　(6) ×

第四课

三、课堂练习

（二）词语

从本课生词表中选择合适的词语填空

(1) 老张的儿子想当一名刑警。

(2) 方老师写文章一直写到凌晨三点。

(3) 史朋不听别人劝告，酒后开车，结果出了车祸。

(4) 老杨生活非常节俭，从来不乱花钱。

(5) 小王原来是教师，后来改行当了演员。

(6) 电话拨通了吧？

(7) 他从抽屉里翻出两本旧杂志。

(8) 下午听报告，你帮我占个座位，我可能晚去一会儿。

(9) 电话怎么老是占线？

(10) 弟弟不爱动脑子，他总是抄别人的作业。

(11) 我每天早上在操场跑五圈。

(12) 那个演员扮演一位老大爷，这位老大爷只有一个儿子。

(13) 这条路每天都堵车，咱们走那条路吧。

(14) 天色这么暗，显然要下雨了。

(15) 警察发现了那个小偷儿作案的线索。

(16) 学好汉语是我们共同的目标。

(17) 我奶奶70多岁了，仍然每天买菜、做饭、洗衣服，做很多家务。

(18) 是谁把他的门撬开了？

(19) 教师是既光荣又神圣的职业。

(20) 经过调查，公安人员掌握了那个罪犯的作案/犯罪经过。

(21) 这位解说员解说得十分清楚。

(22) 我没说过这样的话，显然是你听错了。

(23) 警察包围了那个超市。

(24) 商品的价格跟质量相对应。

(25) 在学校里，校长是院长的上级。

（三）句型

2. 用"不管"改写句子

(1) 不管谁有困难，我都愿意帮助。

(2) 不管是谁,都必须遵守纪律。

(3) 不管做什么事情,都应该认真。

(4) 不管天气多么冷,他都用凉水洗澡。

(5) 不管来不来,你都给我打个电话。

(6) 他不管多么忙,都会抽时间去操场锻炼。

(7) 不管天气好不好,我都要去看那个展览。

(8) 不管花多少钱,我都要去云南旅行。

四、家庭作业

(一) 词语

2. 用下列词语填空

翻遍	翻到	翻出	翻回	搞好
搞错	搞懂	搞对象	搞……展览	
避免……麻烦		避免……错误		避免……危险
反倒冷了		反倒哭了		反倒没考好

(1) 请大家打开书,翻到第89页。

(2) 请大家翻回第82页。

(3) 我把整个屋子都翻遍了,也没找到那支笔。

(4) 他从箱子里翻出两双袜子。

(5) 我们下星期要搞一个美术展览。

(6) 今天的语法很难,你搞懂了吗?

(7) 你把那些数字搞错了。

(8) 学生要把学习搞好。

(9) 小徐天天很晚才回来,她是不是在搞对象?

(10) 写完作业要检查几遍,避免出现错误。

(11) 开车要遵守交通规则,避免发生危险。

(12) 为了避免不必要的麻烦,你应该提前向人家说清楚。

(13) 这次汉语考试,我们班水平最好的同学反倒没考好。

(14) 现在已经是春天了,天气反倒冷了。

(15) 小马考试得了第一名，大家都高兴地祝贺他。不知道为什么，他<u>反倒</u>哭了。

第五课

三、课堂练习

 （二）词语

  从本课生词表中选择合适的词语填空

 (1) 王大爷今年刚失去<u>老伴</u>儿。

 (2) 开学的时候，老师<u>测试</u>了我们的汉语水平。

 (3) 为了让他<u>安心</u>学习，妈妈没把父亲生病的消息告诉他。

 (4) 他的<u>爹</u>妈很早就去世了，是他把弟弟妹妹<u>抚养</u>大的。

 (5) 学习语言不能靠<u>独自</u>看书，要多跟别人练习说话。

 (6) 年纪大的人腿脚不太<u>灵便</u>，走路的时候要小心，只能做一些<u>力所能及</u>的事儿。

 (7) 现在很多老人退休后都有<u>退休金</u>。

 (8) 这一年的辛苦没有<u>白费</u>，我的汉语水平提高得很快。

 (9) 你有什么想法请<u>当面</u>说，不要在<u>背地</u>里议论。

 (10) 我去宿舍找彼得，不巧他去旅游了，我<u>白</u>去了一趟。

 (11) 这件事儿一定要<u>保密</u>，不能告诉任何人。

 (12) 在我们国家，<u>老年人</u>受到社会的<u>尊重</u>。

 (13) 我上个月的<u>零花钱</u>还没用完，这个月可以多去几次书店。

 (14) 老吕是我们单位热心的"红娘"，他经常为别人<u>牵线搭</u>桥。

 (15) 小陈<u>成家</u>以后，又买菜又做饭，<u>负担</u>比以前重多了。

 (16) 我们学校男女学生的<u>比例</u>是4∶6。

 (17) 学习汉语的<u>初期</u>，我的发音不好，声调常出问题，汉字也常常写错，那时候真是困难<u>重重</u>。

 (18) 当前，我们两国的关系很好，不存在任何<u>障碍</u>。

 (19) 今年南方很多省发生了水灾，全国人民都在支援<u>灾</u>区。

(20) 上课的时候同学们积极发言是一种好现象。

(21) 人的一生中不可避免地会遇到天灾人祸。

(22) 在封建社会里，人和人不平等，有钱的人一般地位高，穷人地位很低。

(23) 他说的话含有责怪领导的意思。

(24) 政府采取控制物价的办法减轻人民的负担，提高人民的生活水平。

(25) 他装作很神秘的样子，好让别人注意到他。

(26) 你采取什么办法弥补自己的过错？

(27) 报名参加书法学习班的同学在这儿登记。

(28) 警察连忙制止了老人的转账行为，提醒他小心诈骗。

(29) 他们这次去西安，一来参观兵马俑，二来看望一个老朋友。

(30) 你们已经毕业了，今后有什么打算？

四、家庭作业
  （二）阅读
    2. 判别正误
    （1）× （2）× （3）✓ （4）✓ （5）× （6）×
    （7）× （8）× （9）✓ （10）✓ （11）✓ （12）✓

第六课

三、课堂练习
  （二）词语
    从本课生词表中选择合适的词语填空
    (1) 在工作和生活中，有很多问题是由于缺少沟通而产生的。
    (2) 人们常说，眼睛是心灵的窗户。
    (3) 不同文化的人交流时，双方语言上的误会很容易发展成一场冲突。

（4）整场比赛中，这支球队打得非常默契。

（5）经过多年的治理，这一地区现在已经很少出现雾霾天气。

（6）如果彼此之间没有了信任，那一切都将无法继续。

（7）出发前，谁都没想到会遇到如此糟糕的天气。

（8）今年春节，远在异国他乡的丁兰只能通过手机和家人一起过年。

（9）这位老人的儿子和女儿都在海外，他觉得很孤独。

（10）既然是秘密，那就好好藏在心里，别告诉任何人。

（11）认真阅读这篇文章，不难发现，字里行间充满着作者对故乡的深情。

（12）我的老师已年过七十，可仍然童心未泯，经常给我们发一些可爱的表情。

（13）夏天走在这条林荫道上，凉快极了。

（14）联欢会上，同学们尽情地唱歌、跳舞，高兴极了。

（15）我的奶奶是一位慈祥的老人。

（16）他的叔叔病了很多年，是个老病号，最近又患上了一种奇怪的病。

（17）那些老人正敲锣打鼓地扭秧歌。

（18）黑云聚集着，马上就要下雨了。

（19）演出以前，演员们都得化妆。

（20）那些姑娘随着动感的旋律，正在做健美操。她们的姿势非常好看。

（21）他每天都很乐观，从来没有着急、生气的时候。

（22）老师的鼓励给了我很大的力量，我一定能克服所有的困难。

（23）这次试验能不能成功在于准备得是不是充分。

（24）要学好汉语，我们必须掌握汉语的规律。

（25）新年快到了，我们开个联欢会吧。

（26）那个演员很有名，男女老少都喜欢他。

（27）生命只有一次，所以我们要珍爱它，经常锻炼身体。

(28) 来中国以后，我结识了很多新朋友。

(29) 每当想起奶奶，我总忘不了她那慈祥的面孔。

第七课

三、课堂练习

（二）词语

从本课生词表中选择合适的词语填空

(1) 鱼从水里露出头来。

(2) 河的上游有一个大水库，里面养了很多鲤鱼。

(3) 在全校运动会上，我们学院获得了五块金牌、四块银牌和六块铜牌。

(4) 这次的足球比赛经过激烈的较量，北京队获得冠军，上海队获得亚军。

(5) 随着年龄的增长，爷爷的记忆力在慢慢减退。

(6) 说话、做事都要抓住要领。

(7) 今天的风有五六级。

(8) 谁都不愿意在别人面前出丑，丢面子。

(9) 请把帽子挂在衣帽钩上。

(10) 他的发音错了，可是他没有意识到。

(11) 遇到突然发生的事情，一定不要惊慌，要对自己充满信心。

(12) 这个城市经历38个春秋的对外开放，获得了巨大的发展。

(13) 敌人非常狡猾，想从后面进攻我们。

(14) 今天的足球比赛，两个队都踢得很好，看这样的比赛真过瘾。

(15) "轰"的一声，地面上的动物吓得四处乱窜。

(16) 我们的战士不怕危险，跟敌人战斗了三天三夜。

(17) 这场比赛北京队进攻得不错，可是防守得不太好。

(18) 我跟老徐下棋胜多败少，我不想跟他下，可他总是向我宣战。

(19) 你别紧张，请你放松，再放松。

(20) 小孩子们没有忧愁，没有烦恼，多幸福啊！

(21) 山本正热情好客，广交朋友，谁有困难他都热心帮助。

(22) 我觉得骑自行车比坐公共汽车方便，机动灵活，还能锻炼身体。

(23) 论生活条件，这里不太好；可是论教学条件，这里最好。

(24) 小向刚毕业，第一次参加工作，是个新手，还不太熟悉公司里的情况。

(25) 这次体育比赛带有商业表演的性质。

第八课

三、课堂练习

(二) 词语

从本课生词表中选择合适的词语填空

(1) 白老师写的论文在国内一本著名杂志上发表了。

(2) 这里的噪声污染非常严重，机器的声音吵得我睡不着觉。

(3) 程东和许小丽正在热恋，他们可能明年结婚。

(4) 经过专家的治疗，许小丽的身体渐渐好了起来，现在已经完全康复了。

(5) 司机们一定不要酒后开车，防止发生交通事故。

(6) 许小丽又聪明又漂亮，是个心灵手巧的姑娘。

(7) 这个公司引进自动化装置以后，生产效率大大提高了。

(8) 山本的汉语水平很高，回国之后有好几家公司要录用他。

(9) 从他的表情上看，他已经知道了这件事儿。

(10) 他们的这项发明已经申请了国家专利。

(11) 张总鼓励赵林说："你要坚定信心，试验一定能成功。"

(12) 对于提高教师工资这件事儿，程校长的态度非常坚定，这对老师们来说是个很大的鼓励。

(13) 我是个残疾人，但是我不想拖累别人，我要学会自己照顾自己。

(14) 老师和学生要互相配合，共同完成教学任务。

(15) 在我们学校，留学生和中国学生交换辅导的现象非常普遍。

(16) 中国人民热爱和平，反对战争。

(17) 考试的时候要细心，不能马虎。

(18) 那个商店的橱窗里有很多儿童玩具。

(19) 每逢节假日和双休日，我们全家都会去看望爷爷奶奶。

(20) 这个规定很好，但实行起来不太容易。

(21) 由于大夫诊断失误，那个病人吃了药以后病情反而加重了。

(22) 今天彼得收到女朋友送他的第一个礼物，他心中万分高兴。

(23) 这幅画儿很有特点，是一个六岁的孩子画的。

(24) 你的小女儿真乖，又天真又活泼，非常可爱。

(25) 半年要学完四本书，我们的学习任务很重。

(26) 这是你的病历，那是他的病历，别弄混了。

(27) 这个儿童节目很有意思，孩子们看得津津有味。

(28) 听到这个不幸的消息，我们都很吃惊，怎么会发生这样的事儿？

(29) 艾米最近常常头晕，大夫诊断，这是失眠造成的。

(30) 贝拉特别喜欢兔子，她不仅属兔，还养了一对儿兔子。

四、家庭作业
  （二）阅读
    2. 判别正误

(1) ✓   (2) ✗   (3) ✓   (4) ✗   (5) ✗

(6) ✓   (7) ✗   (8) ✗   (9) ✓   (10) ✓

第九课

三、课堂练习

(二) 词语

从本课生词表中选择合适的词语填空

(1) 昨天下午马教授给我们做了一个关于治理环境污染的学术报告,他讲得很通俗,我都听懂了。

(2) 旧的矛盾解决了,新的矛盾又产生了。

(3) 在中国,每个子女都应承担赡养父母的责任和义务。

(4) 这篇文章写得很好,内容集中,层次清楚,语言生动。

(5) 随着生育率下降,中国社会人口老龄化现象越来越明显。

(6) 机器的噪声干扰了居民的正常生活。

(7) 我们一共来了10个学生,按照汉语水平有的人去了B班,有的人去了C班,有的人去了D班,大家各得其所。

(8) 核心家庭的特点是"代"的层次少,一般只有一代或两代。

(9) 只有发展经济,人民才能过上富裕的生活。

(10) 这个句子的结构很复杂,可是方老师的解释深入浅出,通俗易懂。

(11) 有的娱乐活动,比如下棋,具有比赛的性质。

(12) 我们两个班联合起来跟中国学生踢了一场足球比赛。

(13) 近几年来的人口出生数据表明,越来越多的年轻人不愿意生娃,国家应实行有效的政策,大力鼓励年轻人生育。

(14) 谁赡养那些没有子女的老人?

(15) 我们班最近在教学上出现了重视读写、忽视听说的倾向。

(16) 有的退休老人给子女看孩子,每天跟孙子、孙女一起玩儿,享受天伦之乐。

(17) 马教授知识渊博,说话幽默,我们都喜欢听他的报告。

(18) 同学之间生活上要互相关心、互相帮助,但学习上要互不干扰。

(19) 社会的<u>安定</u>、人民的团结，是发展经济的重要条件。

(20) 发展经济很重要，但是发展教育也是不能<u>忽视</u>的问题。

(21) 一看见别人下棋，老向就<u>凑</u>过去看。

(22) 放学了，孩子们<u>兴高采烈</u>地回家去了。

(23) 婚礼上<u>洋溢</u>着欢乐的气氛。

(24) 为了<u>筹备</u>这次的篮球比赛，王老师已经几天没有休息好了。

(25) 每到春节，各地都会举办丰富多彩的庆祝活动。

(26) <u>元旦</u>是中国的法定节假日。

(27) 这个城市的泉水很多，是<u>名副其实</u>的泉城。

(28) 请你<u>具体</u>谈谈中国家庭结构变化的原因。

四、家庭作业

（三）阅读

2. 根据短文填空

(1) 某公司的<u>传统</u>是每年元旦举办新年晚会并进行抽奖。

(2) 王朋是一个20多岁的年轻职员，他快要结婚了，正在<u>筹备婚礼</u>。

(3) 清洁工阿姨生活不富裕，她需要一笔钱为儿子付<u>手术费</u>。

(4) 晚会上有人唱歌，有人跳舞，有人表演小品，节目<u>丰富多彩</u>。

(5) 这个"新年奇迹"不是<u>从天上掉下来的</u>，而是全公司的人共同<u>创造的</u>。

第十课

三、课堂练习

（二）词语

从本课生词表中选择合适的词语填空

(1) 中国南方的一些省属于<u>热带</u>气候，北方属于温带气候。

(2) 上海<u>位于</u>中国的东部，是中国最大的<u>沿海</u>城市。

(3) 我的叔叔是个<u>渔民</u>，每天下海捕鱼。

(4) 北京、天津、上海、重庆四个城市是直辖市。

(5) 我们班的同学团结友爱，像一家人一样亲。

(6) 中国地形的特点是西高东低，西部是山脉和高原，东部是大平原。

(7) 快期末考试了，同学们正全力以赴准备考试，每天复习到深夜。

(8) 山本正想当公务员，他对政治很感兴趣。

(9) 长江和黄河是中华民族的摇篮。

(10) 我们班成立会话互助小组以后，大家的交际能力有了明显的提高。

(11) 艾米画的熊猫大脑袋、黑眼睛、小耳朵，它的形象真可爱。

(12) 在封建社会，皇帝有最高的权力。

(13) 这个省重视发展农业，今年的粮食又获得了丰收。

(14) 很难想象，这幅画儿是个10岁的孩子画的。

(15) 这个孩子的想象力十分丰富，他画的是孩子们骑着龙去月亮上旅游。

(16) 你丢的自行车有什么特征？

(17) 很多公园的门口都有两个大的石狮子。

(18) 这个爱情故事从古代一直流传到今天。

(19) 在民间流传的神话故事中，有很多神的形象。

(20) 贝拉买了小刀和石头，要学习刻字。

(21) 嫦娥不喜欢在月亮上生活，她想回到人间来。

(22) 不管你承认不承认，这些缺点确实是存在的。

(23) 如果每个人每天浪费一点儿粮食，那么全国那么多人一年要浪费多少粮食？请你计算一下。

(24) 地球上陆地的面积没有海洋大。

(25) 龙是十二生肖之一。

(26) 这条河的两岸种了很多树。

(27) 中国有很多历史古迹，也有很多自然风景十分优美的地方，旅游资源非常丰富。

Index of grammar (Volume 2–Volume 8)
语法索引（第2册—第8册）

B	"把"字句（1）	4-8	比较句（4）	5-6
	"把"字句（2）	4-9	比较句（5）	5-8
	"把"字句（3）	5-1	表示比较的方法	5-10
	"把"字句（4）	5-9	宾语的成分	6-5
	百以内称数法	2-2	并列复句（1）	7-6
	倍数表达法	5-6	并列复句（2）	7-7
	比较句（1）	5-2	并列复句（3）	7-8
	比较句（2）	5-3	补语的分类	6-10
	比较句（3）	5-4		
C	陈述句句尾语气助词	7-2	处所补语	6-7
	承接复句	7-10	存在句（1）	2-8
	程度补语（1）	3-3	存在句（2）	4-7
	程度补语（2）	4-9		
D	"的"字结构	2-7	动态助词"了$_1$"与语气助词"了$_2$"	5-5
	递进复句	7-9		
	动词重叠（1）	2-9	动态助词"着"（1）	4-2
	动词重叠（2）	4-4	动态助词"着"（2）	4-7
	动量补语（1）	2-7	动态助词"着呢"	6-3
	动量补语（2）	4-3	动作行为的进行（1）	4-1
	动态助词"过"	4-3	动作行为的进行（2）	4-2
	动态助词"来着"	5-7	短语的类型	2-10
	动态助词"了$_1$"（1）	3-6	多项定语的排列顺序	3-10
	动态助词"了$_1$"（2）	4-4		
E	二次否定	6-9		
F	反问句（1）	7-1	方位表达法	2-8
	反问句（2）	7-2	分数表达法	5-6
	反问句（3）	7-3		
G	感叹句句尾语气助词	7-4		

J	假设复句	8-6	结果补语（2）	4-1
	结构助词"地"	4-1	结果补语（3）	4-2
	结构助词"的"	2-4	紧缩复句	8-10
	结构助词"得"	2-6	句子成分	2-5
	结果补语（1）	3-4	句子的语用类型	3-5
K	可能补语（1）	5-2	可能补语（3）	5-4
	可能补语（2）	5-3	可能补语（4）	5-7
L	量词重叠	6-1	领有句	2-2
M	名词重叠	6-4	名词谓语句（2）	6-3
	名词谓语句（1）	3-1	目的复句	8-2
Q	祈使句句尾语气助词	7-5	强调的表达法（5）	7-4
	钱数表达法	3-3	趋向补语（1）	3-6
	强调的表达法（1）	6-4	趋向补语（2）	3-7
	强调的表达法（2）	6-6	趋向补语（3）	3-8
	强调的表达法（3）	6-7	趋向补语（4）	3-9
	强调的表达法（4）	6-9		
R	让步复句	8-5	日期表达法	3-2
S	三重否定	7-1	"是……的"句（2）	4-6
	时间补语	6-8	是非疑问句（1）	2-1
	时量补语（1）	3-8	是非疑问句（2）	3-2
	时量补语（2）	4-6	"是"字句	2-1
	"是……的"句（1）	4-4	数量词重叠	6-6
T	特指疑问句	2-2	条件复句	8-4
X	形容词重叠	4-4	选择复句	7-9
	形容词谓语句	2-3	选择疑问句	2-4
	序数表达法	5-7		
Y	一百以上的称数法	3-2	用"呢"的省略疑问句	3-1
	"一＋量词＋名词"重叠	6-8	有标志的被动句（1）	5-8
	疑问代词的活用	6-1	有标志的被动句（2）	5-9
	疑问句句尾语气助词	7-3	语气助词"了₂"（1）	2-8
	意义上的被动句	2-6	语气助词"了₂"（2）	3-3
	因果复句	8-3	语气助词"了₂"（3）	3-4
	隐现句	3-7	语气助词"了₂"（4）	4-3

		"……着……着"	4-8	主语的成分	4-10
		正反疑问句（1）	2-3	转折复句（1）	8-7
		正反疑问句（2）	2-9	转折复句（2）	8-8
		钟点表达法	3-1	转折复句（3）	8-9
Z	主谓谓语句（1）	3-2	状态补语（1）	2-6
		主谓谓语句（2）	3-8	状态补语（2）	6-2
		主谓谓语句（3）	3-9	状语的成分	4-5
		主谓谓语句（4）	6-2	总分复句	8-1
		主谓谓语句小结	7-5		